HEYNE BÜCHER

HAZELDEN MEDITATIONSBÜCHER

Das Buch der Liebe

Meditationen zur Partnerschaft

Verfaßt von Karen Casey
Illustriert von David Spohn

WILHELM HEYNE VERLAG
MÜNCHEN

HEYNE ESOTERISCHES WISSEN
Herausgegeben von Michael Görden
08/9910

Titel der amerikanischen Originalausgabe:
THE LOVE BOOK
Ins Deutsche übertragen von Dora Toblach

Die Originalausgabe erschien im Verlag
der Hazelden Foundation, Minnesota, USA

Printed in Germany 1994
Umschlaggestaltung: Atelier Ingrid Schütz, München
Satz: Schaber, Wels
Druck und Bindung: Presse-Druck, Augsburg

ISBN 3-453-07848-9

Zum Buch:

Diese Sammlung von Meditationen für jede Woche des Jahres erforscht das Wesen der Liebe zwischen Freunden, Familienmitgliedern, Liebenden und Fremden, aber auch die Liebe zu sich selbst; es zeigt die Herausforderungen und neugewonnenen Perspektiven, die Liebe in all ihren Erscheinungsformen uns bieten kann.

Zur Autorin:

Karen Casey ist Autorin und Mitautorin der weithin bekannten Meditationsbücher *Jeder Tag ein neuer Anfang* und *Die Verheißung eines neuen Tages.*

Zum Illustrator:

David Spohn hat nicht nur Karen Caseys Meditationsbücher illustriert, sondern auch eine Reihe anderer Bücher. Er lebt mit seiner Frau und seinen beiden Söhnen auf einer Farm in der Nähe von Forest Lake, Minnesota.

Zur Einführung

Wahrscheinlich existiert in meinem Leben kein Gefühl, das schwieriger zu empfinden, zu entwickeln, zu geben und zu empfangen und aufrechtzuerhalten war als die Liebe. Und ich habe mir so verzweifelt gewünscht, ganz und gar in ihr aufzugehen; ich wiegte mich in dem sicheren Gefühl, wenn ich die Liebe erst einmal »kennengelernt« hätte, wäre ich für immer und in jedem Augenblick glücklich, zufrieden und heiter und niemals mehr das Opfer von Tragödien. Wie naiv unsere Vorstellungen doch manchmal sind!

Mein Suchen nach Liebe begann nicht erst, als ich eine junge Frau war. Es begann vielmehr gleichzeitig mit meiner Suche nach Sicherheit, die ihre Wurzeln in meiner Kindheit hat. Als kleines Kind schaute ich sehnsüchtig in die Gesichter der anderen und suchte darin nach Zeichen ihrer Liebe, suchte also meine Sicherheit. Mich quälte die Angst, ich könnte verlassen werden. Ich war sicher, daß man mich nicht lieben konnte. Schließlich gab es doch ständig etwas an mir auszusetzen. Was ich als Kind nicht wußte, und noch heute mit größter Regelmäßigkeit immer wieder vergesse, ist, daß ich im reinsten Sinne des Wortes geliebt werde, und meine Existenz ist mir der beste Beweis dafür. Ich bin ein Teil des geistigen Universums — wir alle sind Teile des geistigen Universums, das unsere Mutter ist —, die Gesamtheit der Liebe.

Aber wir Menschen in unserer Schwachheit und Unwissenheit können einfach das größere, übergeordnete

Bild der Liebe nicht wahrnehmen. Statt dessen heften wir unsere Sehnsucht nach Liebe und Sicherheit an andere, die genauso wie wir durch ihre verschwommenen Vorstellungen vom Dasein der Liebe verkrüppelt sind.

Auf meiner eigenen Suche nach Liebe griff ich nach Menschen und Gegenständen, die ich besitzen wollte, strebte nach Leistung und »Anlässen«, griff schließlich zu Alkohol und anderen Drogen, bis ich endlich zu der Erkenntnis kam, wo die Liebe sich die ganze Zeit verborgen hatte. Ich wünschte, ich könnte sagen, daß ich dies nie wieder vergessen habe. Doch für mich sind häufiges Erinnertwerden und tägliche Augenblicke des Nachdenkens notwendig, um zu wissen, daß ich Sicherheit habe und geliebt werde und daß alles in meiner Welt heute in Ordnung ist. Jeden Tag. Selbst wenn ich Schmerz empfinde.

Ich habe diese Meditationen über die Liebe geschrieben, weil ich glaube, daß wir alle dieselben Kämpfe um Selbsterkenntnis auszufechten haben, nämlich zu ergründen, wo die Liebe beheimatet ist, und den Mut aufzubringen, ehrlich und verletzlich mit unseren Weggefährten umzugehen, deren Leben ein Spiegel unseres eigenen ist und von denen wir uns Liebe wünschen. Mir haben schon oft ein paar wohlbedachte Zeilen oder das richtige Wort eines Freundes über ein Hindernis hinweggeholfen oder auf einem ungewohnten Weg Beistand geleistet. Was Sie hier lesen, wird Ihnen hoffentlich bei Ihrer Suche behilflich sein, wie die Worte von anderen mir bei der meinen geholfen haben. Es liegt natürlich eine Ironie darin, daß unsere Vorstellungen von

Liebe immer verschwommener werden, je angestrengter wir nach ihr suchen. Nur wenn wir ruhig werden und darauf vertrauen, daß wir ein angeborenes Recht auf Liebe haben, werden wir entdecken, daß ihre Nähe uns beschützt.

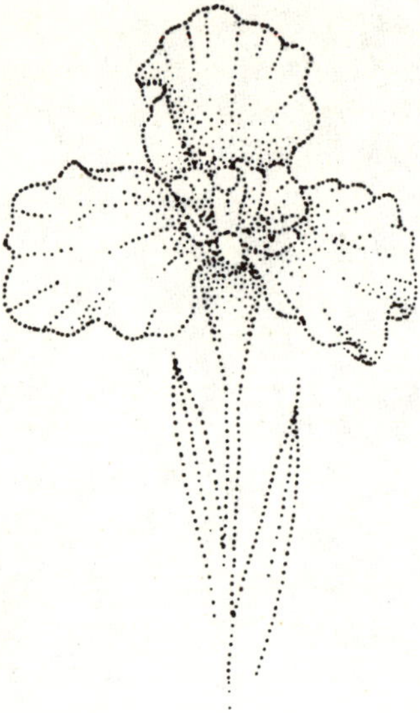

In der wahren Liebe willst du das Wohl des anderen. In der romantischen Liebe willst du den anderen.

Margaret Anderson

1. WOCHE

Die wahre Liebe zum Ausdruck zu bringen, ist so einfach zwischen Großeltern und Enkelkindern — und zwischen guten Freunden geht es ohne jede Anstrengung. Aber warum ist es so schwierig, die wahre Liebe mit einem Ehepartner oder Geliebten zu teilen? Warum wollen wir ihn statt dessen besitzen? Und von ihm erträumen wir die selbstlose Hingabe. Doch weder Besitzanspruch noch völlige Hingabe sind eine Garantie für die Sicherheit, nach der wir uns sehnen.

Wahre Liebe ist nicht selbstsüchtig; sie befreit sowohl den Gebenden wie den Empfangenden. Zu wissen, daß wir geliebt werden, gibt unseren Herzen Stärke und verringert unsere Schwierigkeiten. Es bindet uns nicht, obwohl es paradoxerweise unsere Herzen in Ketten legt. Die Ermutigung zu wachsen, etwas zu verändern, das Weggehen zu wagen, wenn es zu unserem Besten ist, all dies ist Ausdruck der wahren Liebe. Wahre Liebe ist niemals ein Besitz, sondern immer nur die treuhänderische Verwaltung der Erfahrung eines jeden Augenblicks.

Wir sollten zärtlich miteinander umgehen und uns in völligem Vertrauen lieben, wie ein Kind seine Großmutter liebt.

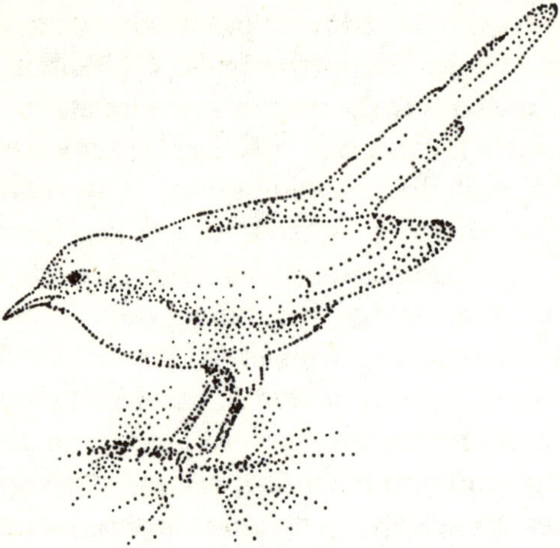

Bedingungslose Liebe ist eine unserer tiefsten Sehnsüchte, nicht nur bei Kindern, sondern bei allen Menschen.

Erich Fromm

2. WOCHE

Das Gefühl, daß wir vollkommen sein müßten, um geliebt werden zu können, ist uns ebenso vertraut wie das Singen der Drosseln, das uns den Frühling ankündigt. Bin ich zu dick, um geliebt zu werden? Denken die Leute, ich sei taub, wenn ich laut und deutlich spreche? Fälschlicherweise halten wir uns für einmalig in unseren Kämpfen gegen unsere Ängste des Ungenügens, und daher finden wir keinen Trost bei Freunden oder Fremden, die genau solche Ängste haben wie wir.

Wenn wir unsere Gleichheit mit anderen richtig verstehen könnten, wären wir in der Lage, den sanften inneren Drang zu verspüren, ihre Gegenwart wahrzunehmen, ihr Lächeln, ihre Mitteilungen, die ganz sicher für unsere Ohren bestimmt sind. Ihre Wünsche wie die unseren richten sich auf die Verheißung der Liebe.

Bedingungslose Liebe braucht einen Ausdruck; teilt man sie aus, wird man sehen, wie sie zehnfach zurückkommt.

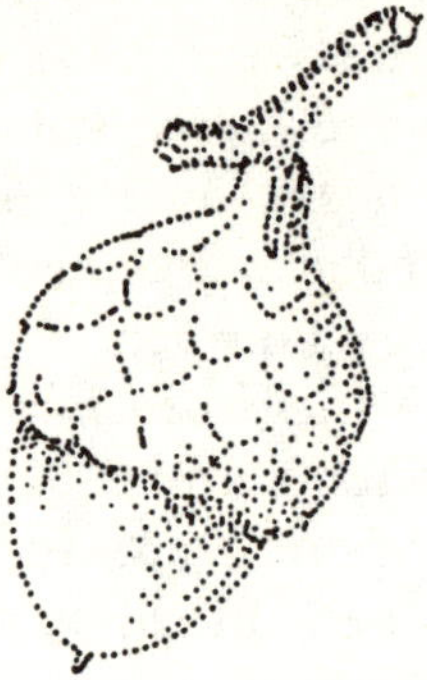

Nichts anderes kann die menschliche Seele so sehr weiten, die menschliche Fähigkeit zu wachsen so sehr anregen und einen Menschen so sehr in den Vollbesitz seiner Lebenskraft bringen wie eine Liebe, die bedingungslos ist. John Powell, S. J.

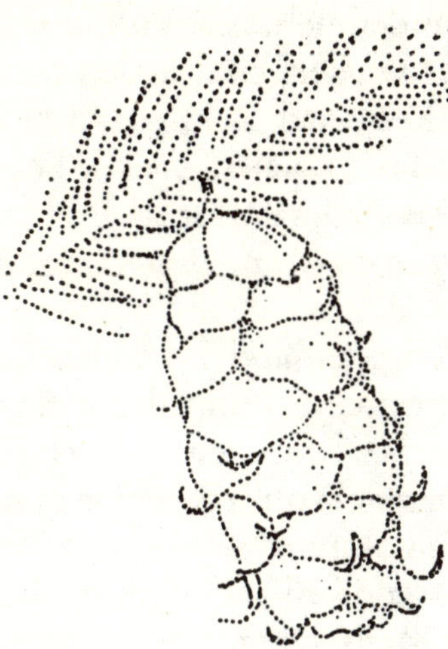

Wenn ein Kind dich über eine sehr, sehr lange Zeit liebt, nicht nur aus Spielerei, sondern dich wirklich liebt, dann wirst du wirklich.

Margery Wilson

Ein Garten, der von liebenden Händen bestellt wird, trägt üppige Früchte. Wenn wir unserer Familie und unseren Freunden liebevolle Aufmerksamkeit entgegenbringen, werden wir genauso den Lohn dafür ernten. Unser Bemühen wird nicht so schnell vergessen, weder vor uns noch von denen, die wir lieben. Jede liebevolle Geste, die wir zum Ausdruck bringen, findet ihr Zuhause, im Herzen eines anderen wie in unseren eigenen Herzen.

Die Entscheidung, jemanden bedingungslos zu lieben, ist leicht getroffen — und dennoch erfordert es täglich unaufhörliches Bemühen. Wie schnell vergessen wir die versprochenen Wohltaten! Wir brauchen jeden Tag eine sanfte Ermahnung.

»Ich will umfassend lieben und die reichere Entwicklung eines nahen Menschen fördern.« Wenn man diese Verpflichtung erfüllt, wird sie gewiß zwei lebendige, wachsende Seelen hervorbringen.

4. WOCHE

Intimität mit einem anderen Menschen ist ein notwendiges Risiko, das wir eingehen müssen, wenn wir die Liebe kennenlernen wollen. Das bedeutet, stark genug zu lieben, um jemanden in unsere verborgensten Bereiche einzulassen und den Mut zu haben, die schrecklichen Wahrheiten über uns selbst mit ihm zu teilen. Wenn wir eine furchterregende Erinnerung für uns behalten oder es nicht fertigbringen, unsere dunkelsten Geheimnisse zu offenbaren, werden wir von der Angst verfolgt, daß die Liebe des anderen nur bedingt ist oder erlischt, wenn die Wahrheit über uns an den Tag kommt.

Obwohl nur selten daran gedacht wird, ist der größte Tribut, den wir einander zollen können, ganz und gar zum Ausdruck zu bringen, wer wir waren, wer wir sind und wer wir zu werden erhoffen. In jedem einzigen Augenblick unseres Daseins sind wir eine Zusammensetzung aus Gefühlen, Erinnerungen und Projektionen. Unsere Realität hat viele Facetten, und Vertrautheit erfordert, daß wir unsere Leben gegenseitig mit dem vollen Ausdruck unserer selbst bereichern.

Wahrhaftig zu sein, ist mutig; es bedeutet eine Entscheidung und erfordert Übung, doch es ist unerläßlich, wenn wir die Liebe kennenlernen wollen.

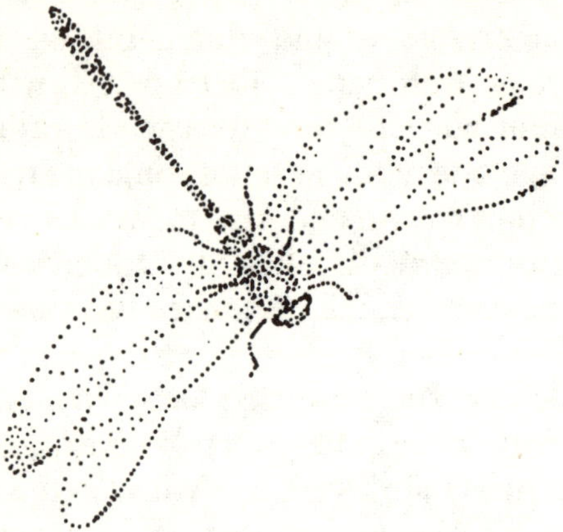

Es ist besser, für das gehaßt zu werden,
was du bist, als für das geliebt zu werden,
was du nicht bist. André Gide

5. WOCHE

Unverdiente Liebe erschreckt und beschämt uns. Und wir wissen, wenn wir jemanden auf trügerische Weise verleitet oder unaufrichtig ein Ergebnis beeinflußt haben. Wir sträuben uns noch immer dagegen, die anderen mehr von uns wissen zu lassen, als unsere Oberfläche verrät.

Wird man mich noch lieben, wenn man mich wirklich kennt? Unsere Angst treibt uns dazu, unser Inneres zu verbergen, unseren schrecklichen, menschlichen Kern. Doch dann zweifeln wir an aller Liebe, an allen Geliebten, weil sie das wahre Ich, das schamvolle Ich nicht erkennen.

Das Dilemma besteht darin zuzulassen, daß man uns erkennt, und zu riskieren, daß die anderen uns verlassen; oder aber nur jene Teile von uns preiszugeben, mit denen wir uns bei anderen für den Augenblick beliebt machen können, womit wir die unvermeidliche Angst vor dem Verlassenwerden nur hinausschieben.

Heitere Gelassenheit ist die Vervollkommnung eines Lebens, das als Ganzes gelebt wird — eines Lebens, in dem wir zu erkennen geben, wer wir in jedem Augenblick sind, indem wir darauf vertrauen, daß bedingungslose Liebe uns verdientermaßen wechselseitig glücklich machen wird.

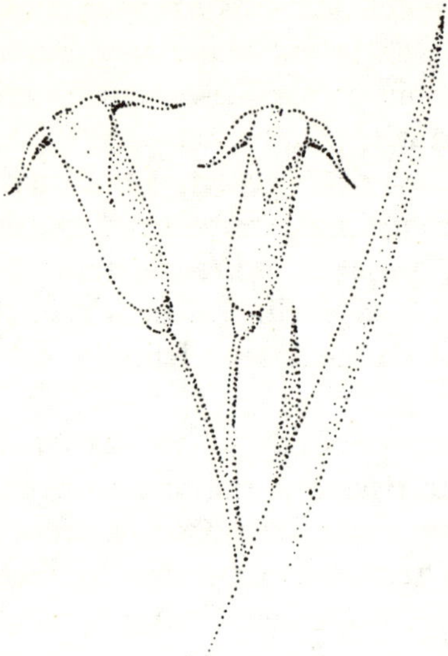

Die Entfaltung des menschlichen Wachsens entwickelt sich vom absoluten Bedürfnis, geliebt zu werden, hin zu der völligen Bereitschaft, Liebe zu geben.

Dr. Karl Stern

6. WOCHE

Als Kinder suchten wir bei unseren Eltern Liebe, Kleidung und Nahrung und nach Zeichen dafür, wer wir eigentlich sind. Wenn unsere Bedürfnisse befriedigt waren, fühlten wir uns sicher. Als Erwachsene, die sich stetig weiterentwickeln, suchen wir noch immer nach Liebe. Wir sehnen uns weiterhin nach Sicherheit, und viel zu oft definieren wir uns durch jemand anderen. Doch ein gesundes Zeichen für unser Wachsen zeigt sich jedesmal dann, wenn wir einem anderen unsere Liebe geben, ohne daran zu denken, daß uns dafür Liebe zurückgegeben werden müßte.

Wir können unsere Liebe auf unendlich viele Arten zeigen — durch ein ehrliches Lächeln, ein Zeichen der Wertschätzung, einen unerwarteten Gefallen, vielleicht ein paar Blumen oder einen Anruf. Jemandem mit Wärme Aufmerksamkeit zu schenken, auf welche Weise auch immer, ist ein Akt der Liebe, der uns irgendwann von irgend jemandem ganz und gar vergolten wird.

Die Selbstverständlichkeit, mit der wir andere wahrhaft lieben, steht in einem direkten Verhältnis zu unserem Liebesbedürfnis, das in unserem Leben den Vorrang vor allem anderen hat. Zu lieben ist in erster Linie eine Entscheidung, in zweiter eine Handlung und schließlich ein Wert.

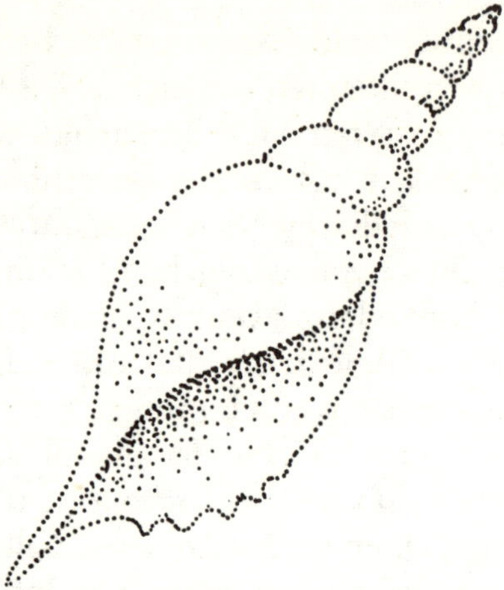

Wenn wir uns ungeliebt, niedergeschlagen und innerlich leer fühlen, ist es nicht die wahre Lösung, nach jemandem zu suchen, der uns Liebe geben soll.

Gerald G. Jampolsky, M.D.

Jeder von uns möchte für einen anderen von Bedeutung sein. Und wir sind es — wir sind bedeutsam für jedes andere Leben, mit dem wir gerade, auch in diesem Augenblick, in Berührung kommen.

Die Leere, die wir manchmal empfinden, ist eine gute Mahnung daran, daß die Frauen und Männer in unserem Leben *unsere* Aufmerksamkeit brauchen. Zuviel Selbstbezogenheit verstärkt unsere Einsamkeitsgefühle, und dann halten wir verzweifelt nach anderen Ausschau, die uns Erfüllung bringen sollen. Das Paradox besteht darin, daß wir uns selbst Heilung verschaffen, während wir einem anderen unsere Aufmerksamkeit widmen, der, aufgrund eines größeren Entwurfs, auf unserem Weg mitgeht.

Es ist kein Zufall, daß unsere Leben miteinander verwoben sind. Heute jemanden zu lieben, heißt, zwei Wunden auf einmal zu heilen, unsere eigenen und die der anderen.

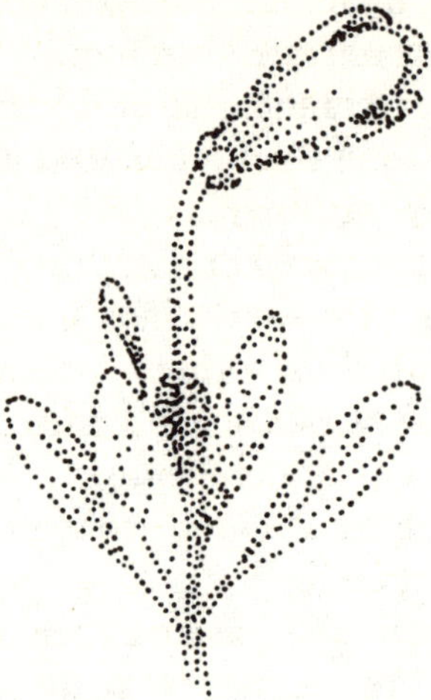

Das Geschenk der Liebe bedeutet: Ich möchte mit dir all das teilen, was ich an Gutem habe.

John Powell, S. J.

8. WOCHE

Wie sehr lieben wir wirklich? Führen wir Buch darüber, wenn wir einem Freund einen Gefallen tun und dabei daran denken, daß er uns einen schuldet? Behalten wir ein besonderes Vergnügen lieber für uns, statt es mit jemandem zu teilen, in der Hoffnung, unseren eigenen Genuß dadurch zu verlängern? Und die gute Laune, die wir selbst haben — benutzen wir sie dazu, die Stimmung eines anderen zu heben, oder sind wir insgeheim schadenfroh, weil wir uns »in einer besseren Position« befinden?

Die Gelegenheit, mit Liebe zu reagieren, wird uns jeden Tag ständig gegeben. Ein Lächeln, eine freundliche Geste, jemanden in eine Unterhaltung einbeziehen, eine gelungene Arbeit anerkennen: Dies sind Akte der Liebe, Akte, die unsere Herzen verbinden, zumindest für einen Augenblick. Wenn jemand auf die eine oder andere Weise seine Liebe mit uns geteilt hat, nehmen wir es wahr und sind berührt.

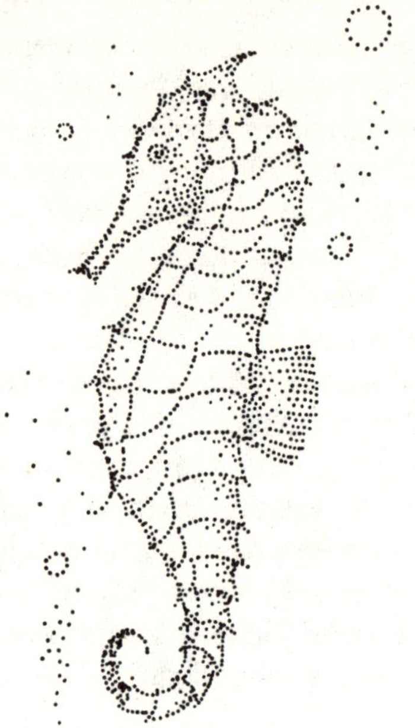

Liebe ist selbstlos, wenn sie auch das Selbst aufwühlt. Sue Atchley Ebaugh

9. WOCHE

Mit beschleunigtem Schritt eilen wir einer Herausforderung entgegen, wenn wir durch Liebe bestärkt sind. Umgekehrt kann schon das kleinste Ereignis die Macht haben, uns zu verschrecken, wenn die Liebe abwesend ist.

Wenn man einem Freund, einem Geliebten oder auch einem Fremden gegenüber Liebe zum Ausdruck bringt, verspricht sie uns ungeahnte Geschenke. Unser Wert wird erkannt, wir blühen auf in der Glut der Wärme — und erfahren sogar, daß unser Mut auf unerklärliche Weise bestärkt wird, wenn wir uns auf dem Weg der Liebe mit einem anderen verbunden haben.

Wir können Kindern ganz selbstverständlich unsere Liebe zum Ausdruck bringen, sind berührt von ihrer Verletzlichkeit und wissen, daß eine Zurückweisung uns nicht schmerzen wird. Wenn wir nur immer frei unsere Liebe zum Ausdruck bringen könnten — allen Kind-Erwachsenen gegenüber, denen wir auf unserem Weg begegnen: Wir würden die größte Freude für uns entdecken und den Mut, jedem Ereignis ins Auge zu sehen, das das Leben für uns bereithält.

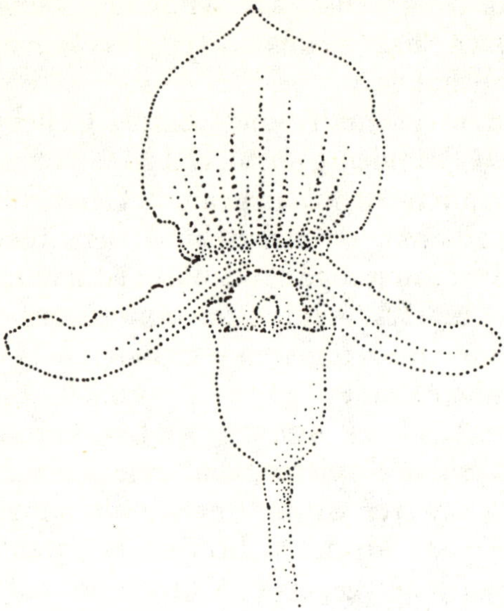

Wahre Liebe verströmt sich auf das Objekt ihrer Zuneigung, ohne etwas zurückzuverlangen. Florence Scovel Shinn

10. WOCHE

Jemanden ganz und gar zu lieben, rein, ohne Fesseln anzulegen, verheißt Ekstase, und doch wagen wir nur selten, dies als Chance zu begreifen. Oft möchten wir das Versprechen der Liebe zurückbekommen, wenn wir es eigentlich geben sollten. Unsere zerbrechlichen Egos werden provisorisch zusammengehalten durch die dürftigen Gesten und flüchtigen Liebesworte, die uns auf den Weg geworfen wurden, doch wenn wir um Liebe Handel treiben, werden wir sie nicht finden.

Die wahre Liebe wird uns für immer entgleiten, wenn wir nicht unser Selbst hintanstellen und unerschrocken das Selbst eines anderen lieben.

Das warme Glühen der Liebe reichlich auf andere auszubreiten, bewirkt auf wunderbare Weise, daß sie zurückkommt — ein weiteres Geheimnis des Lebens.

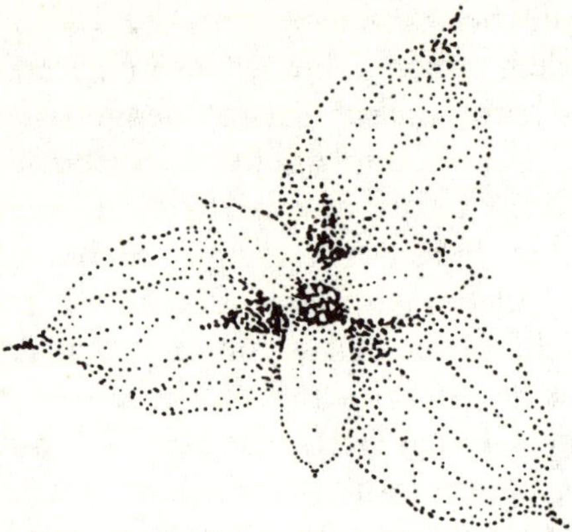

Lieben heißt, unser Glück in das Glück eines anderen zu legen. Leibniz

11. WOCHE

Sich persönliches Glück zu wünschen, ist normal und gesund. Die meisten unserer Pläne, Entscheidungen und Träume für die Gegenwart und die Zukunft im Hinblick auf Beruf, Beziehungen und erhoffte Erfolge sind so angelegt, daß sie uns glücklich machen. Glück zu wollen, ist niemals verkehrt; es jedoch auf Kosten der anderen erhalten oder eigennützig von einem anderen stehlen zu wollen, wird mit Leid enden. Unser größtes Glück wird uns dann zuteil, wenn wir es am wenigsten erwarten — wenn wir aufmerksam auf das Glück eines anderen bedacht sind.

Etwas für andere tun — vielleicht Besorgungen machen für einen kranken oder alten Freund oder sich um das Kind von überarbeiteten Eltern kümmern oder überraschend ein Essen für einen einsamen Nachbarn kochen — wird immer zur Folge haben, daß auch unsere eigene Freude sich steigert.

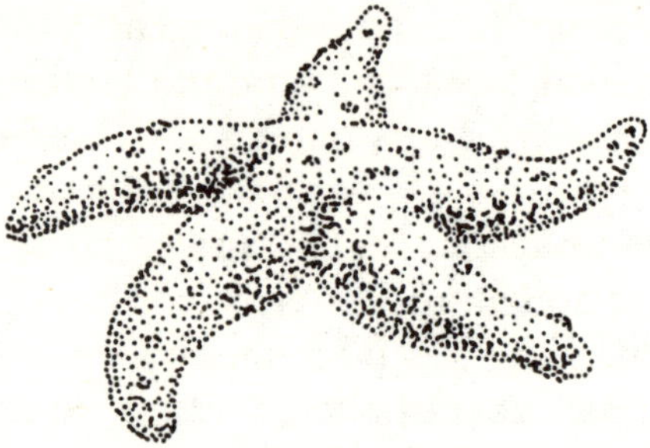

Die Grundlage des Glücks ist die Liebe zu etwas, das außerhalb des Selbst liegt.

William George Jordon

12. WOCHE

Ichbezogenheit zerstört gerade das Selbst, das sie scheinbar bestärkt. Wenn unser Erfahrungshorizont an der Nasenspitze endet, können wir nicht das vielfarbig vorüberziehende Panorama bemerken, das jene Erleuchtung bereithält, für die wir geschaffen worden sind. Nur indem wir uns mit Interesse auf andere einlassen, können wir entdecken, was wir an Wissen benötigen. Die ständige Selbstbespiegelung beraubt uns der Information von draußen, die jeder suchenden Seele Nahrung ist. Wir führen ein verpfuschtes, richtungsloses Leben, wenn wir nicht auf die entscheidenden Dinge hören, die uns dazu verhelfen, unser Glück zu finden, und die von jenen geäußert werden, die wir zu ignorieren beschlossen haben.

Genauso wie wir unsere Himbeeren begießen und beschneiden müssen, wenn sie sich vermehren sollen, müssen wir die Saat der Freundschaft pflegen, wenn wir Glück kennenlernen wollen. Und wenn wir uns dem Herzschlag eines anderen angleichen, bekommen wir einen klaren Blick auf uns selbst und unser eigenes Herz.

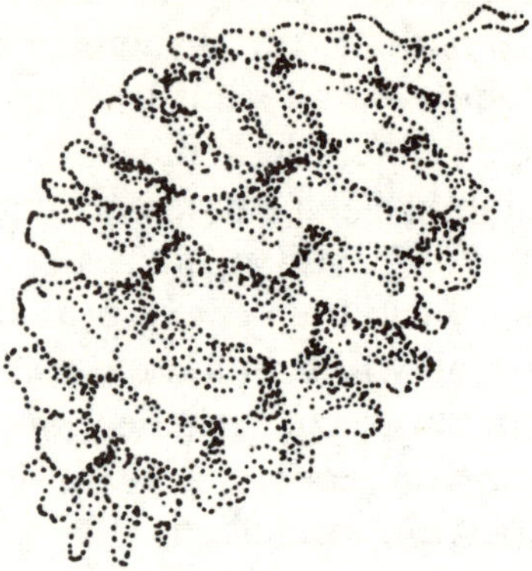

Das Maß, in dem ich Beziehungen herstellen kann, die das Wachsen der anderen als eigenständiger Personen fördern, ist ein Maßstab für das Wachsen, das ich in mir selbst erreicht habe. Carl R. Rogers

13. WOCHE

Als Kinder haben wir uns an Freunde und Geschwister und manchmal auch an die Eltern geklammert und uns nach ihrem Vorbild geformt. Wir haben ganz selbstverständlich den Gang und die Gesten eines Freundes nachgeahmt. Manchmal haben wir uns zu sehr identifiziert und dabei das Selbst verloren, das danach verlangte, erkannt zu werden. Und mindestens ebenso oft haben wir andere ermutigt, sich unserer Führung anzuvertrauen. Das Bemühen, eins mit uns selbst und losgelöst und glücklich zu sein, hat uns aufgezehrt. Es zehrt uns auch heute noch auf.

Oft vernachlässigen wir die individuelle Entwicklung und streben statt dessen nach einer Nähe zu anderen, die wahre Liebe verhindert und unser Wachsen hemmt. Wenn wir unsere Individualität nicht ergründen, werden wir weder die Talente, die uns mitgegeben sind, entdecken, noch können wir sie pflegen. Und der wahrhaftigste Beweis für unsere Liebe liegt darin, die Selbsterkundung in einem anderen zu pflegen.

Das Paradox besteht darin, daß wir schließlich nur noch dann einen Sinn in den Augenblicken und Stunden des Zusammenseins bewahren können, wenn wir die Quelle unserer schöpferischen Kraft in Zeiten des Alleinseins erschlossen haben.

Wir müssen für beides gleichermaßen Sorge tragen, für das Zusammenkommen und das Auseinandergehen, wenn wir die Liebe kennenlernen wollen.

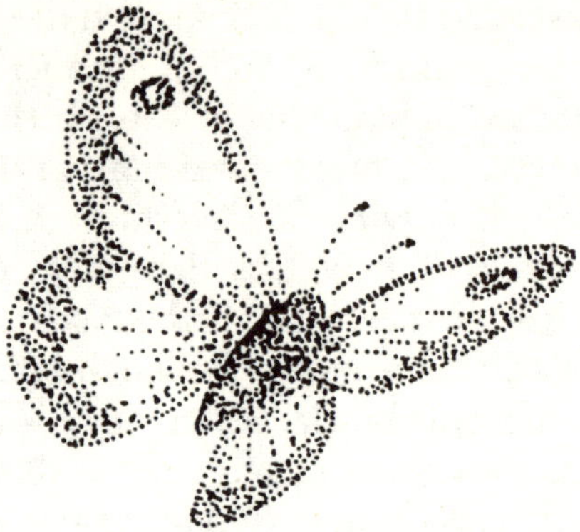

Liebe, diese Zauberin, kennt den kleinen Trick, bei dem zwei Menschen in unterschiedliche Richtungen gehen und doch immer Seite an Seite bleiben.

Hugh Prather

14. WOCHE

Das Schicksal nimmt in jedem Leben einen anderen Lauf. Und unsere Bewegungen mit anderen, die für uns wichtig sind, laufen glücklicherweise immer wieder parallel. Doch durchkreuzen sich unsere Wege hier und da ziemlich hart, und gelegentlich werden wir uns auch in einem schmerzlichen Gegeneinander befinden. Aber wenn die Liebe, die wir zum Ausdruck bringen, Teil von Gottes Plan ist und nicht nur dazu dient, unser selbstsüchtiges Ego zu befriedigen, werden wir nicht von unseren gegenseitigen Träumen abweichen, wenn wir uns auch für kurze Zeit entfernen müssen, um von neuem zu wachsen.

Wir müssen uns unsere persönlichen Wünsche erfüllen — zur Erholung und weil wir dazu berufen sind, wenn wir unsere besonderen Begabungen erfolgreich für den Wert der gesamten Menschheit zur Verfügung stellen sollen. Und ganz sicher ist das der Grund, warum wir hier sind — an diesem Ort — zu dieser Zeit — speziell mit diesen Menschen.

Andere können uns nicht von unserer wahren Berufung abbringen. Wenn die Liebe zwischen uns echt ist, wird sie uns frei machen und unseren Weg segnen — das Vertrauen in unsere Herzen wird nicht zerrissen werden.

Der Schmetterling kehrt still zurück, wenn freie Winde wehen.

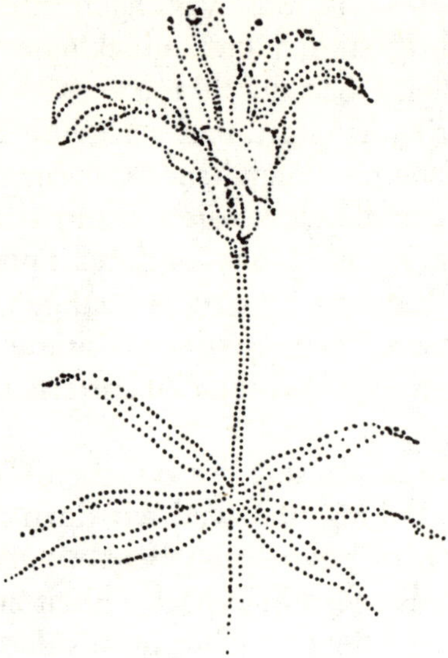

Ich möchte nicht nur geliebt werden, sondern auch hören, daß man mich liebt ... Das Reich des Schweigens ist im Jenseits groß genug.

George Eliot

15. WOCHE

Wir haben alle schon oft gehört, daß wir uns selbst lieben müssen, wenn wir einen anderen lieben wollen. Zu oft nehmen wir fälschlicherweise an, dies bedeute, daß wir auf die Liebesbeteuerungen eines anderen nicht zu hören bräuchten. Diese Annahme ist falsch. Lob von anderen bestärkt unser Selbstvertrauen, hält uns aufrecht und macht uns bewußt, wie wir uns in jedem Augenblick darstellen.

Doch viele von uns haben in der Jugend kein gesundes Ego entwickelt, weil sie keine Reaktion erfuhren, die ihnen Sicherheit gab. Wir haben nicht gehört, daß man uns liebte. Als Erwachsene jagen wir danach, Vertrauen empfinden zu können, uns unseres Weges und unseres Wertes für die Gesellschaft sicher zu fühlen. Und wir hoffen darauf zu hören, daß man uns liebt. Wir können ganz sicher sein, daß jemand, der uns nahesteht, es als hilfreich empfinden wird, unsere Worte der Liebe zu vernehmen.

Es gibt keinen besseren Zeitpunkt als die Gegenwart, um sich Liebe mitzuteilen.

Aufrichtige Liebe entsteht nicht aus Besitzanspruch, sondern aus notwendigem Freiraum und Distanz. Melanie Gainsley

16. WOCHE

Romantische Groschenromane und eine Leidenschaftlichkeit, die uns häufig in Filmen vorgeführt wird, verleiten uns zu einem Nachahmungsverhalten, das nur selten in unserem Interesse liegen kann. Wenn man seine Aufmerksamkeit zu sehr auf eine andere Person konzentriert, so hemmt das unser eigenes Wachsen, ohne das wir zugrunde gehen wie auch, mit der Zeit, unsere Beziehung.

Wahre Liebe bedeutet, daß wir uns gegenseitig den Weg zur Erfüllung bereiten wollen und Freude darüber empfinden, wenn unsere Wege parallel laufen, daß wir Vertrauen haben in den Prozeß des Wachsens, wenn unsere Richtungen gegeneinander zu laufen scheinen. Welches Ziel auch immer wir ansteuern, wir sollten wissen, daß jeder von uns zur rechten Zeit am richtigen Platz sein wird, mit der wirklichen Freiheit, den anderen zu lieben — und nicht gezwungenermaßen, weil wir in eine einengende Beziehung geraten sind, die wir fälschlich für Liebe hielten.

Doch wo sind unsere Vorbilder für eine gesunde Liebe? Nur wenige von uns sind mit ihnen vertraut. Und doch können wir für uns selbst ein verantwortungsvolles Verhalten in der Liebe entdecken, wenn wir riskieren, mit unseren persönlichen Zielen, unseren Ängsten und Träumen ehrlich umzugehen und den von uns geliebten Menschen dieselbe Aufrichtigkeit gestatten.

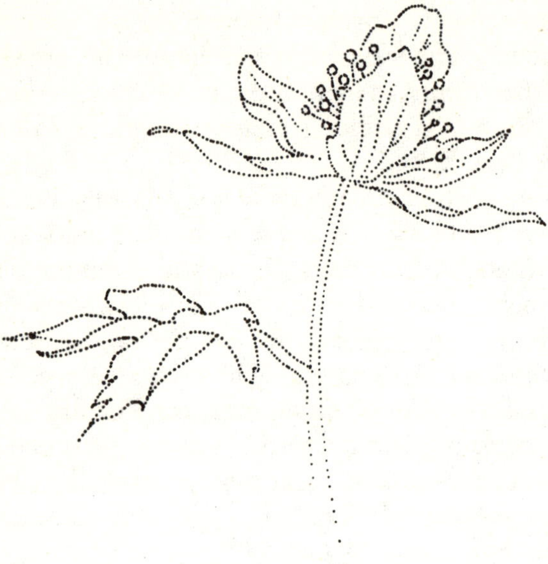

… Liebe ist ein großartiges Schönheitsmittel.

Louisa May Alcott

17. WOCHE

Wie fühlen wir uns, wenn jemand zu uns sagt: »Ich liebe dich«? Fühlen wir einen Wärmestrom durch unseren Körper gehen? Gehen wir etwas aufrechter? Kommt uns leichter ein Lächeln auf die Lippen? Worte der Liebe sind inspirierend. Sie bringen unsere besten Züge zum Vorschein; vielleicht ermutigen sie uns sogar, neue Richtungen einzuschlagen, uns neue Ziele zu setzen, etwas noch nicht Vertrautes zu wagen.

Zu lieben und geliebt zu werden glättet die rauhen Kanten des Lebens. Der stürmischste Tag ist nicht wirklich trostlos, wenn wir ihn mit einem liebenden Freund verbringen. Die schrecklichste Herausforderung ist nicht so überwältigend, wenn ein geliebter Mensch uns einen kleinen Anstoß gibt, weil er von unserer Fähigkeit überzeugt ist, sie erfolgreich zu bestehen. Und der Spiegel zeigt uns strahlendere Augen und weniger Falten, wenn wir das Wissen in uns tragen, daß wir geliebt werden.

Laßt uns dieses Wissen mit einem anderen teilen: jetzt — und die Schönheit um uns her verbreiten.

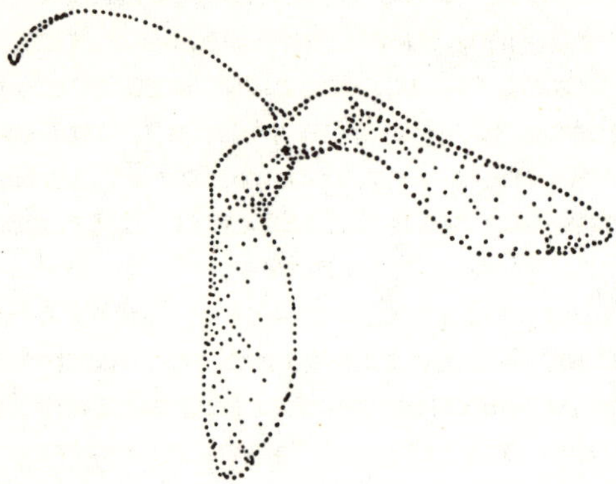

Zwei Menschen lieben aneinander das zukünftige Gute, das sie sich gegenseitig zu entfalten helfen. Margaret Fuller

18. WOCHE

Die Möglichkeiten zu wachsen können wir an Freunden erkennen, die wir lieben, eine Wirklichkeit, die ihnen selbst oft verborgen bleibt. Durch unsere Ermutigung und unsere Bindung an sie können wir ihnen helfen, die Schranken zum Erfolg niederzureißen. Uns wird ebenso geholfen werden. Es liegt im Entwurf, in unserem und in ihrem, daß wir diese Reise gemeinsam unternehmen.

Für Augenblicke sind wir zwei, die gut zusammenpassen, wobei der eine die Begabungen des anderen ans Licht bringt, welche die Welt von uns erwartet, während wir allein uns manchmal zurückziehen und der Welt dadurch vorenthalten, was wir ihr zu bieten haben. Der Liebe Ausdruck zu verleihen, heißt, die Entwicklung der gesamten Menschheit voranzutreiben.

Keiner von uns lebt ohne jemanden, den er liebt, wenn wir uns nur dazu entschließen, uns einem anderen zu öffnen.

Im Idealfall geben sich beide Liebespartner gegenseitig die Freiheit für neue und unterschiedliche Welten.

Anne Morrow Lindbergh

19. WOCHE

Wir können die Seele eines anderen nicht besitzen, wenn wir es auch gerne möchten, während wir darum ringen, Liebe zu empfinden. Wir dürfen die gegenseitige Aufforderung, uns auf neue Erlebnisse einzulassen, nicht hemmen, auch wenn wir befürchten, alleingelassen zu werden. Wir werden das Glück, nach dem wir uns sehnen, nicht finden, wenn wir den anderen mit Scham und Schuldgefühlen oder durch Mitleid an uns fesseln.

Ob wir für die Liebe frei sind oder nicht, entscheidet über den einzig möglichen Weg zur wahren Liebe. Ein gefangener Schmetterling verliert sehr schnell seinen Glanz und schließlich sein Leben; ebenso erwartet der gefangene Geliebte still den Tod der Beziehung.

Auf getrennten und dennoch parallelen Wegen zu gehen, erhält eine Beziehung lebendig. Neue Ideen, glückliche Aussichten und fruchtbare Erfahrungen mitzuteilen und sich gegenseitig daran teilhaben zu lassen, bedeutet eine Erweiterung, die jede Beziehung braucht, wenn sie stark bleiben scll.

Wir sollten unsere Partner nicht in die Enge treiben, sondern lieber darauf vertrauen, daß die wahre Liebe das versprochene Geschenk ist, das uns frei sein läßt.

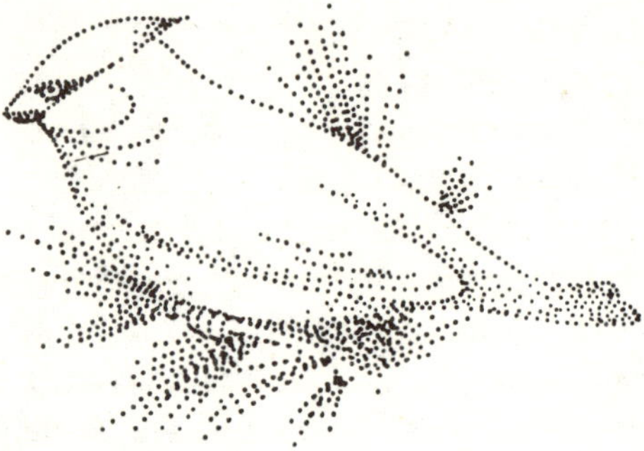

Liebe ist die Fähigkeit und die Bereitschaft, jenen, um die du besorgt bist, zu gestatten, so zu sein, wie sie es selbst für sich entschieden haben, ohne darauf zu bestehen, daß sie dich zufriedenstellen.

Dr. Wayne Dyer

20. WOCHE

Es bedeutet meistens ein Ringen zuzulassen, daß ein Kind eine neue Fähigkeit entwickelt, vor allem, wenn man sie selbst nicht beherrscht oder nicht schätzt. Es ist noch viel schwieriger, einem Ehepartner oder Geliebten zuzusehen, wie er einen neuen Weg des Lernens oder der Erholung beschreitet, wenn wir selbst nicht aufgefordert sind, diese Reise mit ihm gemeinsam zu machen. Es steht jedoch fest, daß unsere Liebe nur so tief und wahrhaftig ist, als sie es ehrlich unterstützt, wenn die anderen ihre Flügel ausbreiten, um ihre eigenen Wege zu erkunden und ihre persönliche Freude.

Was sich für uns als richtig erweist, ist niemals verloren oder uns weggenommen, und was sich von uns entfernt, sei es ein Freund oder ein Geliebter, macht nur den Weg frei für eine nächste Stufe unseres Wachsens. Wir dürfen keine Angst davor haben, unsere geliebten Menschen neue Erfahrungen machen zu lassen und sich eigenen Herausforderungen zu stellen. Statt dessen sollten wir uns an dem Wissen freuen, daß jeder von uns eine besondere Berufung hat, eine einzigartige Bestimmung, die uns zusammengeführt hat und uns genauso lange zusammenhalten wird, wie der »große Plan« es vorgesehen hat.

Wir können die Liebe eines anderen für uns nicht aufrechterhalten, wenn wir ihn zum Gefangenen in unserem Heim und unserem Herzen gemacht haben.

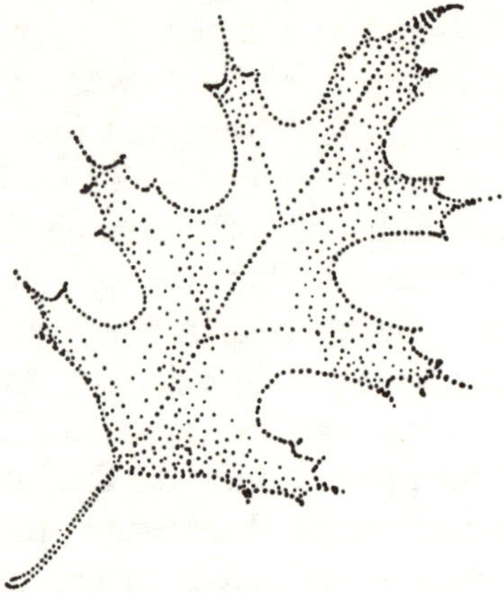

Eine Liebesbeziehung gründet auf dem Wunsch zu wachsen und sich durch die gelebte Beziehung zu entfalten und auf dem Wunsch, daß der Partner dasselbe tun möge.

Stanton Peele

21. WOCHE

Allzuoft verwechseln wir Besitzanspruch mit Liebe. Wir sagen: »Wenn du mich liebtest, würdest du mit mir gehen und mich nicht enttäuschen. Du wärest hier, wenn ich dich hier haben möchte.« Jemanden in die Falle zu locken, ist nicht Liebe. Eng an die Brust eines anderen gedrückt zu sein, ist nicht Liebe. Das Paradox besteht darin, daß wahre Liebe uns gehen läßt; sie stärkt die Freiheit, zu neuen Herausforderungen aufzubrechen, und zurückzukehren, wenn das Begehren uns dazu drängt.

Wir werden nichts von dem verlieren, was für uns richtig ist, sei es einen Job, eine Freundschaft oder diese besondere Beziehung, solange wir sie achten und unsere Dankbarkeit für sie anerkennen. Doch unsere Ängste, daß wir den für uns wichtigen anderen verlieren könnten, treiben ihn von uns fort, weil wir unsere Umklammerung immer enger werden lassen und sein Wachsen behindern — und so unser eigenes Wachsen verhindern. Und schon haben wir zwei halb erstickte und verzweifelte Menschen, die von der Frage verfolgt werden: »Was ist schiefgegangen?«

Beide Partner müssen die Freiheit haben zu wachsen, sich zu verändern, ja sogar wegzugehen, wenn wir jemals die Liebe kennenlernen wollen. Wir wollen unsere Eigenständigkeit feiern und unsere Augenblicke der Nähe genießen.

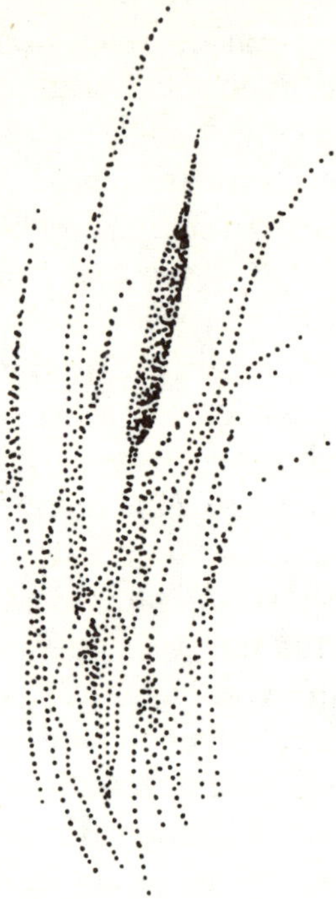

Sich gegenseitig lieben, doch aus der Liebe keine Fesseln machen. Kahlil Gibran

22. WOCHE

Liebe fordert nicht; Liebe ist ein Entgegenkommen. Sie ergreift nicht Besitz; sie gibt Freiheit. Liebe ist nicht schadenfroh; sie gibt Bestätigung. Liebe macht aus Fremden Freunde. Sie glättet unsere rauhen Kanten und stärkt unsere wertvollen Kräfte. Zu wissen, daß wir geliebt werden, inspiriert uns und fordert unsere besten Bestrebungen heraus. Jemandem unsere Liebe zu geben, macht uns demütig und nährt die innere Freude.

Wir sollten niemals im Namen der Liebe das Leben eines anderen Menschen zu lenken versuchen, sondern uns lieber über die Entscheidungen freuen, die jemand, der uns lieb ist, getroffen hat, auch wenn sie unseren eigenen Wünschen zuwiderlaufen. Jeder von uns ist mit einem Schicksal gesegnet, das einzigartig ist und für andere Menschen in unserem Leben notwendig. Es muß uns gestattet sein, unseren Weg zur Erfüllung zu gehen. Wir sollten uns gegenseitig Freiheit geben und die wahre Liebe kennenlernen.

Liebe beinhaltet die Bereitschaft zu leiden und in Schwierigkeiten gebracht zu werden.

Lewis F. Presnall

23. WOCHE

Liebe schreit und verletzt manchmal, auch wenn sie gleichzeitig ein Segen ist. Der Akt des Liebens erweitert unser Verständnis für die Bedingungen des menschlichen Lebens und bringt oft unser Ego in Bedrängnis. Es ist tatsächlich eines der größten Geschenke, auch wenn man es nicht immer zu schätzen weiß, das einem durch die Liebe zu einem anderen gegeben wird: daß wir Demut erlangen und dadurch ein gesünderes und bescheideneres Ego.

Wie oft sprechen wir die Worte aus »Ich liebe dich« und haben dennoch das Gefühl, von denen, die wir lieben, gefangengehalten zu werden? Wie oft haben wir die Erwartung, einen Konflikt auf unsere eigene Art und Weise zu lösen? Ist die stillschweigende Abwicklung ein Trick, mit dem man manipulieren will und auf den man sich gewöhnlich verläßt, wenn es um eine Problemlösung mit dem Ehepartner oder Geliebten geht?

Liebe hat viele Gesichter, und sie bedeutet nicht immer, daß wir an unserer Ansicht festhalten — oder niemals an des anderen Aufrichtigkeit zweifeln. Wir haben keine Garantie für ein ewig andauerndes Glück, auch wenn wir wissen, daß wir geliebt werden. Doch was Liebe geben und Liebe empfangen wirklich verspricht, ist Wachsen, sind Zeiten friedlicher Ausgeglichenheit, Zeiten äußersten Schmerzes und viele Gelegenheiten, um zu zeigen, daß das Wohlergehen des anderen unser wichtigstes Anliegen ist, das uns umgekehrt unseres eigenen Wohlergehens versichert.

Nur mit dem Herzen kann man richtig sehen … Antoine de Saint Exupéry

24. WOCHE

Wenn wir mit mißtrauischem oder bösem Blick auf die Welt schauen, werden wir eine Welt sehen, die unsere Erwartungen widerspiegelt — eine Welt, in der die Spannungen immer größer werden, Auseinandersetzungen überhandnehmen und Streit aufkommt, wo er nicht nötig wäre. Doch sind unsere Erfahrungen in gewisser Weise segensreich für uns, und wir werden das erkennen, wenn wir sie mit Dankbarkeit betrachten. Alles, was auf unserem Weg liegt, ist zu unserem Wohl bestimmt, und wir werden das Gute sehen, wenn unsere Herzen handeln, als seien sie die Augen unserer Seele.

Wenn wir mit unseren Herzen sehen, wird unsere Antwort auf das Tosen um uns, die kämpfenden Kinder, das Verkehrschaos, die verärgerten Liebhaber, ein mildes Einverständnis sein. Wenn unsere Herzen unser Handeln leiten, vermögen wir die Dinge zu akzeptieren, die wir nicht ändern können, und jene Dinge zu ändern, auf die wir Einfluß haben. Und das Herz als Sitz aller Weisheit wird immer den Unterschied kennen.

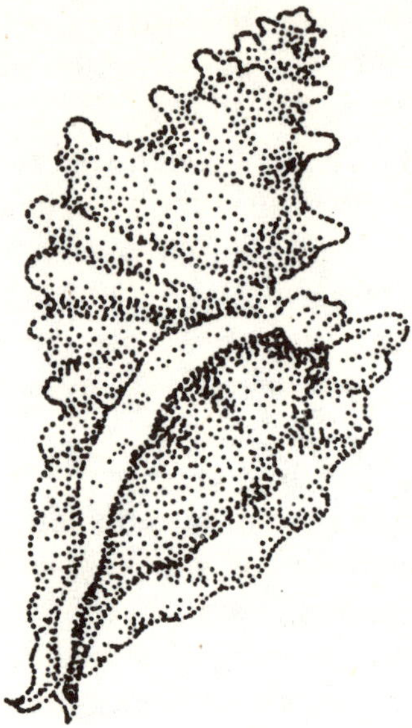

Über alles aber ziehet an die Liebe, die da ist das Band der Vollkommenheit.

Kolosserbrief 3, 14

25. WOCHE

Neidisch zu sein, wenn ein anderer Glück hat, erzeugt Distanz zwischen uns. Wir vergessen dabei, daß uns allen Glück widerfährt, wenn es auch häufig in Erfahrungen verkleidet ist, an denen wir leiden. Nachtragend zu sein wegen einer vergessenen Verabredung oder einer Ermahnung an der falschen Stelle, erzeugt ebenfalls Distanz, die das Wachsen beeinträchtigt, das wir so dringend benötigen.

Wie anders werden sich unsere Tage entfalten, wenn wir jeden Menschen, jedes Ereignis mit Wärme im Herzen, mit einer Geste der Freundschaft und ruhigem Gemüt begrüßen!

Wenn Empfindungen der Liebe unsere Gedanken leiten und unsere Handlungen begleiten, können wir sicher sein, in jeder winzigen Ritze des Lebens Freude zu finden.

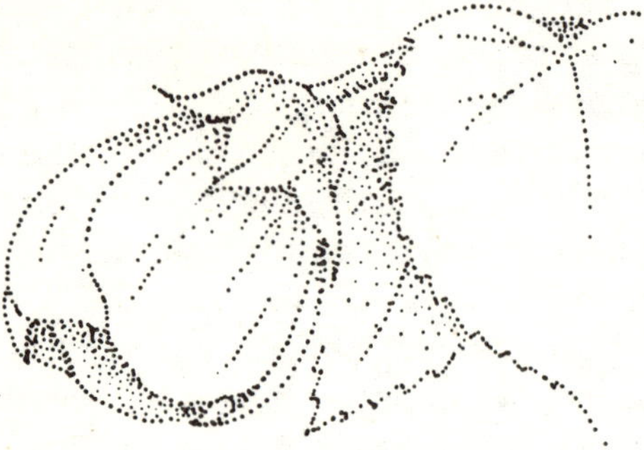

Ein Unkraut ist nichts anderes als eine ungeliebte Blume. Ella Wheeler Wilcox

26. WOCHE

Indem wir einander aktiv lieben, nähren wir den Reichtum der Ausdrucksmöglichkeiten der anderen. Es braucht nicht mehr als ein aufmerksames Nicken, mit dem wir ein Lächeln hervorlocken können oder vielleicht eine Ermutigung geben, sich einer Herausforderung noch einmal zu stellen, die früher einmal übermächtig war. Keiner von uns leuchtet heller, bewegt sich so leichtfüßig und ist so mühelos erfolgreich, wie wenn ein geliebter Mensch uns dabei anfeuert.

Jeder von uns braucht einen bestimmten Menschen, und dafür dürfen wir nicht vergessen, daß auch wir jemand Bestimmtes für einen anderen sind, der unseren Weg mit uns gemeinsam geht. Die Einsamkeit eines Tages wird kleiner, wenn wir jemandes Liebe empfinden, sei er nah oder fern. Die Furcht vor bevorstehenden Aufgaben verringert sich, wenn wir uns in der Gewißheit wiegen, daß wir für jemanden wichtig sind. Wir erblühen wie Rosen, wenn wir von liebenden Augen angeblickt werden. Wir sollten immer daran denken, die Rose zu hegen im Innern der Freunde und Fremden, die heute unseren Weg entlanggehen.

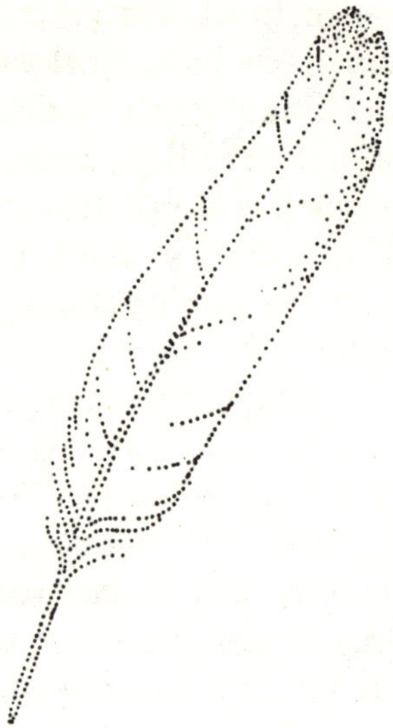

Die Rettung der Menschen liegt in der Liebe und kommt durch die Liebe.

Viktor Frankl

27. WOCHE

Der Bettler an der belebten Straßenecke fühlt sich im Stich gelassen. Die alte Frau, deren Telefon nicht klingelt, starrt durch einen Spalt ihrer zugezogenen Vorhänge und fragt sich, ob man sie vergessen hat. Und das Kind, das auf den ersehnten Besuch seiner möglichen Pflegeeltern wartet, ist voller Ängstlichkeit und davon überzeugt, daß man es nicht gern haben wird.

Die Tragik besteht darin, daß so wenige von uns je umfassende und bedingungslose Liebe von den für unser Leben wichtigsten Menschen erfahren haben. So wenige von uns sind sich ihrer Bedeutung sicher, die sie im Leben der anderen haben. Wir haben für Eltern und Lehrer unsere Aufgaben erfüllt, um ihr Wohlwollen zu ernten. Von Freunden erwarten wir Anerkennung, manchmal haben wir sie sogar gekauft. Und weil wir niemals die Freude an bedingungsloser Liebe kennengelernt haben, sondern nur beständig auf der Suche nach ihr waren, haben wir nicht die richtige Empfindung gelernt, um sie an andere weitergeben zu können. Es ist schwierig, etwas abzugeben, von dem man fürchtet, daß man es nicht besitzt; und doch ist das, paradoxerweise, der Schlüssel zu unserer Rettung.

Indem wir anderen unsere Liebe geben, erfahren wir sie selbst in um so größerem Maße. Und sie muß nicht von außen an uns herangetragen werden. Vielmehr wird sie aus unserem Inneren hervorquellen. Jeder von uns hat die Kraft für seine eigene Rettung. Das einzige, was wir tun müssen, ist lieben.

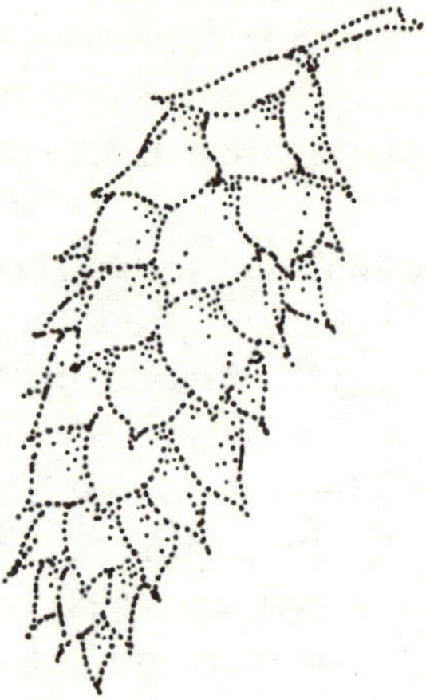

Eine wesentliche Fähigkeit der Liebe ...
ist, Harmonie und Ordnung aus dem
Chaos hervorzubringen. Molly Haskell

28. WOCHE

Haben wir auf unserem eiligen Weg durchs Leben vergessen, wie man liebt? Vielleicht müssen wir daran erinnert werden, daß die Liebe unsere Aufmerksamkeit konzentriert und unsere Wege lenkt. Unsere Handlungen sind nicht überstürzt, und unsere Gefühle sind nicht verwirrt und zerfasert, wenn wir andere lieben und uns selbst. Liebe gibt jedem Augenblick Gestalt und macht ihn wertvoller.

Wenn wir die Liebe eines anderen erfahren, werden wir an unsere und seine Wichtigkeit für den Kreislauf des Lebens erinnert, und wir fühlen uns ermutigt, manchmal sogar aufgefordert, den Zauber der Liebe mit einem neuen Menschen zu teilen.

Wenn die hektischen Aktivitäten des Tages sich in die stillen Winkel des Herzens drängen, müssen wir unseren Schritt verlangsamen und den geliebten Menschen, die bewußt in unserer Nähe sind, unsere Aufmerksamkeit schenken und gemeinsam uns des größeren Entwurfs erinnern, von dem wir eingenommen sind und der unserem Leben Bedeutung gegeben hat.

Liebe erschafft aus der Disharmonie unserer ziellosen Lebensentscheidungen Musik. Sie an jemanden weiterzugeben, ist wie ein Lied vom Glück, das aus unseren Herzen aufsteigt.

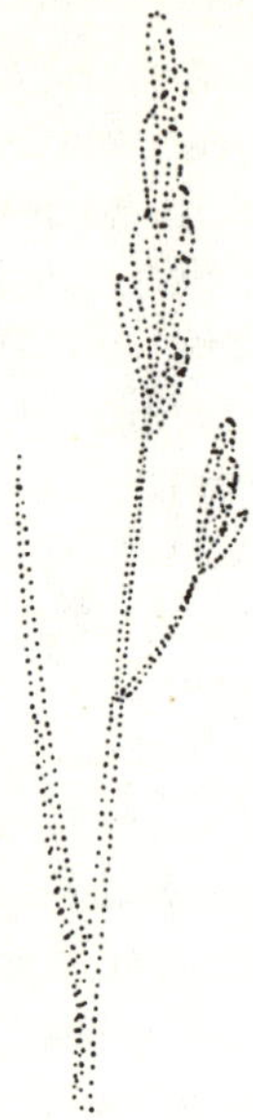

Liebe ist das Licht, das das Universum erhellt: ohne dieses Licht … ist die Erde ein ödes Gebirge und der Mensch nichts als Staub.
Mary Elizabeth Braddon

29. WOCHE

Wir alle sind erleuchtet von der Liebe. Sich um die Kinder zu kümmern, den Wagen zu reparieren, einen Geschäftsbericht zum Abschluß zu bringen — all diese Aufgaben sind leichter zu bewerkstelligen, wenn wir wissen, daß wir geliebt werden. Wir fühlen uns nicht ganz so allein und auffällig inmitten fremder Leute, wenn wir daran denken, daß ein bestimmter Mensch uns liebt. Kein neues Vorhaben wie die erste Flugreise oder der erste Tag in einer neuen Klasse oder einer neuen Firma ist so beängstigend, wenn wir in unserem Herzen und unserem Bewußtsein von einem geliebten Menschen begleitet werden.

Sie mögen nun denken: »Aber ich habe zur Zeit keinen Menschen, der mich liebt.« Wie eng legen wir das Geliebtwerden aus. Wir haben Freunde, die uns lieben, die an uns denken, auch wenn wir nicht anwesend sind — genauso, wie wir an sie denken. Und keiner von uns ist je außerhalb der schützenden Reichweite einer höheren Macht, die uns immer und überall liebt, wohin wir auch gehen.

Wohin auch immer wir schauen, gibt es jemanden wie uns, der den Tag leichter bewältigen kann, wenn er daran denkt, daß er geliebt wird.

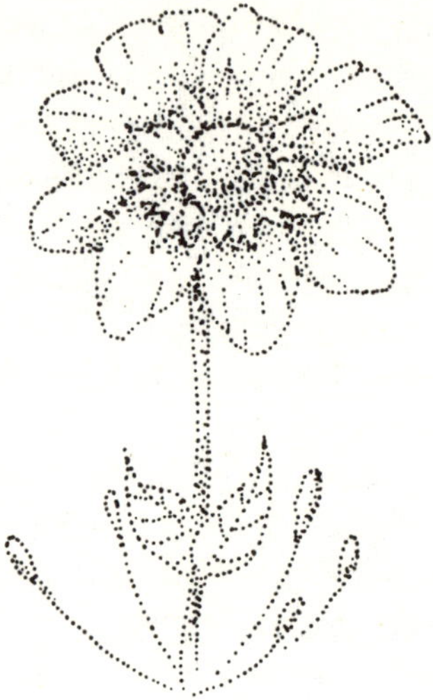

Liebe ist ein Magier, ein Zauberer, der wertlose Dinge in Freude verwandelt und aus gewöhnlichen Sterblichen wahre Könige und Königinnen macht.

Robert G. Ingersoll

30. WOCHE

Liebe fordert uns heraus, unser Bestes zu geben. Zu wissen, daß wir geliebt werden, nimmt dem Schrecken die Schärfe, wenn wir an das Unbekannte denken, an die Party mit Fremden oder die Begegnung mit einem neuen Chef.

Durch die Liebe verwandeln wir uns. Sie tröstet den zweifelnden Verstand und das bange Herz. Wir können die langen Momente der Spannung aushalten, während wir auf ein erhofftes Ergebnis warten, wenn wir wissen, daß wir geliebt werden. Und solche Zeiten, in denen wir an der Liebe eines anderen zweifeln, Zeiten, die mit Sicherheit kommen werden, gehen schnell vorüber, wenn wir mit liebendem Herzen auf einen anderen zugehen.

Jedes Ereignis verheißt größere Freude, wenn wir es mit einem von Liebe getragenen Bewußtsein erleben. Der Gesang der Drossel, das Lachen der Kinder, die kraftvollen Farben, die von Blütenblättern zu uns herüberstrahlen, sie nehmen unsere Aufmerksamkeit gefangen, wenn wir uns geliebt fühlen.

Liebe heilt uns und verbindet uns und verspricht uns ein Leben, das von Momenten des Zaubers erfüllt ist.

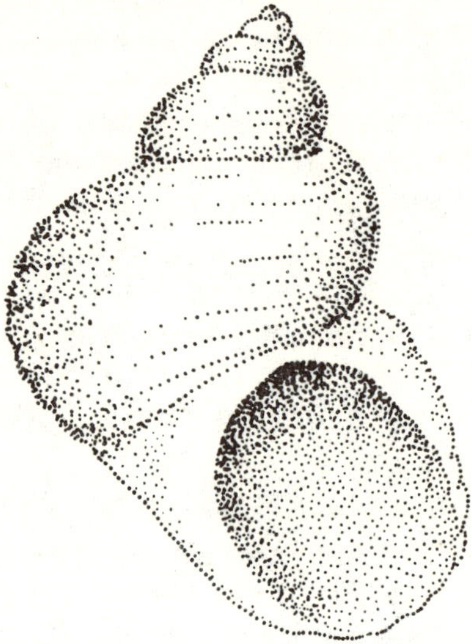

Man sagt, daß der wahre Ausdruck der Liebe aus einer Quelle kommt, die jenseits von Worten und Gedanken liegt.

W. Timothy Gallway

31. WOCHE

Erinnern wir uns, wann wir wirklich *gewußt* haben, daß Großmutter uns liebte, auch wenn sie kein Wort gesagt hat? Ihr Lächeln oder ihre Liebkosung sagte alles. Wir können immer die Liebe eines anderen fühlen — wenn sie aufrichtig ist.

Genauso klingen Worte der Liebe, die aus einem kalten Herzen kommen, in unseren Ohren unwahr. Wir hören sie, aber unsere Herzen können sie nicht fühlen. So wird die Kluft zwischen uns immer größer, und wir bleiben zwei einsame Menschen.

Aufrichtige Liebe für einen anderen zu empfinden, mag uns fremd sein, und es kann sein, daß wir es üben müssen, liebevolle Gedanken zu denken und liebevolle Worte auszusprechen, um mit den Gefühlen vertraut zu werden, die Liebe hervorbringt. Doch wahre Liebe liegt tief in unserer Mitte und wartet nur darauf, daß wir sie erkennen.

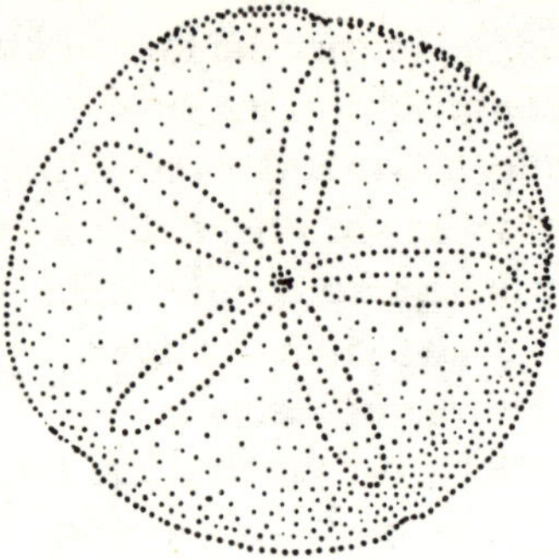

Ich frage mich, warum Liebe so oft mit Freude gleichgesetzt wird, wo sie doch genauso gut alles andere sein kann: Zerstörung, Balsam, Obsession, das Geben und Empfangen des Wertvollsten, wie auch, dieses wieder zu verlieren.

Florida Scott-Maxwell

32. WOCHE

In stillen Momenten träumen wir von den Geschenken, die mit dem Geliebtwerden verbunden sind, und haben ein Bild von uns selbst, als wären wir ständig von Lachen erfüllt, von glühender Wärme und heiteren Aussichten. Doch wie kurzsichtig ist unsere Vorstellung. Liebe verspricht uns ebenfalls Wachstum, und Wachsen kann bedeuten, daß ein geliebter Mensch sich entscheidet, für eine gewisse Zeit wegzugehen, es kann auch ein Ringen um Übereinstimmung in Fragen des zukünftigen Weges bedeuten. Herz und Schmerz sind Gemeinplätze, wenn wir in das Reich der Liebe eintreten.

Wir sollten nicht vergessen, daß alle Erfahrungen, auch die schmerzhaften, nur zu unserem Besten sind. Uns wird niemals mehr gegeben, als wir verkraften können, und es wird uns immer eine ausgewogene Mischung von Ereignissen gegeben werden. Auf eine Zeit der Traurigkeit wird eine Zeit der Freude folgen. Wie die Erfahrung gezeigt hat, folgt der Verlustangst sehr schnell die Erkenntnis, daß wir im geistigen Leben sicher sind und alles gut ist.

Wie dankbar können wir darüber werden, daß die Liebe uns so viel gibt, woran wir weiter wachsen.

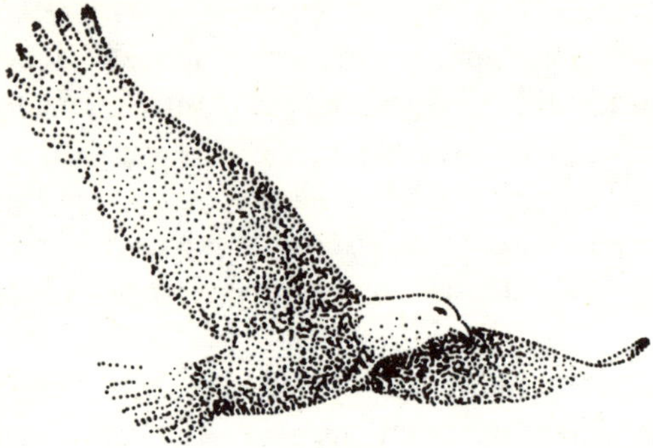

Wenn die Liebe dich ruft, folge ihr, wenn ihre Wege auch hart und steil sind.

Kahlil Gibran

33. WOCHE

In den vor uns liegenden Tagen wird es viele Gelegenheiten geben, Liebe zum Ausdruck zu bringen, und einige davon werden wie Abweisungen erscheinen. Vielleicht verletzt uns eine Auseinandersetzung, aber dann wird die Wunde durch liebevolle Worte und zärtliche Gesten geheilt.

Es kann sein, daß ein Freund oder Geliebter für eine Weile an einen anderen Ort gerufen wird, und die schmerzhafte Einsamkeit wird uns dazu bringen zu fragen, wie sehr wir an diese Liebe gebunden sind. Doch wenn wir bedingungslos lieben, werden wir Frieden finden.

Obwohl Liebe ein sanftes Wort und ein zärtliches Bild ist, verspricht sie uns nicht immer sanfte und zärtliche Augenblicke. Liebe beschert uns manchmal ein schweres Herz und leere Arme. Wir wissen, daß Liebe tröstet, aber nicht immer. Liebe heilt, doch nur zu bestimmten Zeiten. Der Wunsch, die Liebe kennenzulernen, führt uns zusammen; immer.

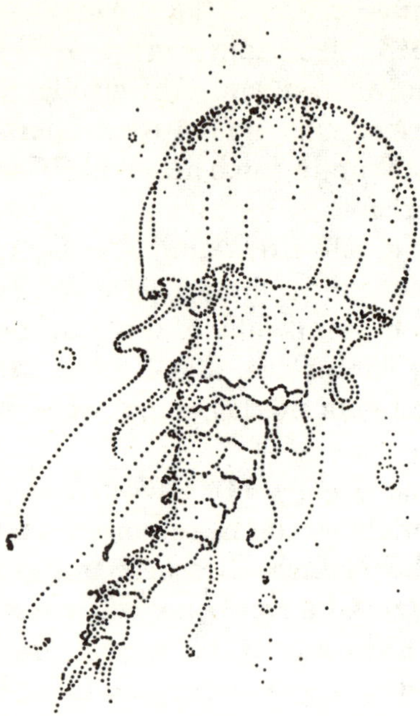

Die Leiden der Liebe sollten uns erhöhen,
nicht erniedrigen. George Sand

34. WOCHE

Nur in unserer Vorstellung verspricht Liebe unaufhörliches Glück. Durch Erfahrung entdecken wir die unzähligen Dimensionen der Liebe. Manchmal ist Liebe Freude. Manchmal Leidenschaft. Manchmal gibt sie Augenblicke der Heiterkeit zwischen Lachen und Traurigkeit. Meistens ist Liebe sanft. Doch kann sie ebenso Schmerz bereiten. Liebe bewirkt ständig Veränderung, ein Lächeln kann vielleicht unseren Schritt für einen Moment verlangsamen, doch ein Zeichen der Gefahr kann uns zum Handeln treiben, zum Reagieren, läßt uns sofort eine Entscheidung treffen.

Bei allem, was die Liebe ist, gibt es vieles, was sie nicht ist. Liebe ist nicht beschämend. Noch ist sie strafend. Liebe ist nicht schadenfroh, sie kritisiert nicht, erniedrigt und verkleinert nicht. Manchmal glauben wir, daß wir von Liebe erfüllt seien, und dennoch befriedigen wir selbstsüchtig unsere eigenen Bedürfnisse vor denen des anderen. Und wenn wir unsere Liebe zu einem anderen aufrichtig zum Ausdruck bringen, dann läßt sich das warme Glühen, das unseren Körper erfüllt, nicht mißverstehen.

Wie einfach ist es, in der Liebe ein Gebender zu sein, doch wie vergeßlich sind wir, wenn sich die Gelegenheit dazu ergibt!

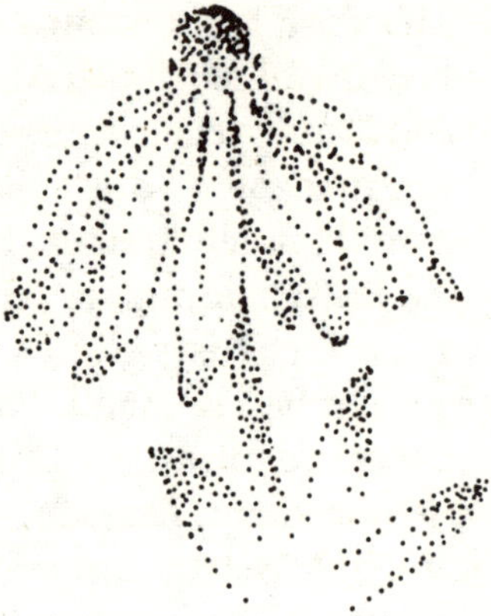

Liebe ist Ausdruck der Selbstachtung und macht sie geltend. Ayn Rand

35. WOCHE

Wie leicht fällt es uns, andere zu lieben, wenn wir uns selbstsicher fühlen, wenn wir uns in der von uns gewählten Arbeit, mit unserer Familie und Freunden, auf den Wegen unseres Lebens wohlfühlen. Doch diese sind nicht immer geglättet und sollten es auch nicht sein; dafür können wir Gott, unserem Beschützer und weisen Ratgeber, dankbar sein.

Wir werden mit den Herausforderungen einer dornigen Wegstrecke konfrontiert, wenn es Zeit ist zu wachsen. Nur selten ist uns das Wachsen angenehm, und dennoch macht der Lohn, den diese Herausforderungen versprechen — die erhöhte Aufmerksamkeit sich selbst gegenüber, die stärkere Empfindlichkeit für andere, die größere Demut —, jeden Moment, der vor uns liegt, viel mehr zu unserem eigenen.

Späte Einsichten sind überzeugende. Das Paradox besteht darin, daß, je mehr wir straucheln, uns jedoch selbst wieder aufrichten und mit bestimmtem Ziel weitermarschieren, wir immer selbstsicherer und dadurch liebevoller werden.

Die Krise unserer Zeit ... ist keine Krise der Hände, sondern der Herzen.

Archibald MacLeish

36. WOCHE

Wir suchen zielstrebig nach Liebe, nach Zugehörigkeit, nach Bestätigung von anderen, um die Qualen der Entfremdung, die uns in unserem Wachen wie in unseren Träumen verfolgen, auszulöschen. »Macht er sich wirklich etwas aus mir?« fragen wir uns. »Hat sie versucht, mich anzurufen, wie sie gesagt hat?« Unsere Ängste, die mit unserer Einsamkeit gekoppelt sind, bewirken, daß wir uns nach innen wenden, und die Verlockung der Isolation packt fester zu.

Unsere Herzen bitten inständig, manchmal schweigend, manchmal hysterisch, um Trost. Und paradoxerweise kann die Krise eines anderen unsere eigene beenden. Wenn wir heute den Ruf eines anderen Herzens hören können, wird unser eigenes Herz den Trost finden, nach dem wir uns sehnen.

Wenn wir die Menschen, die so sorgsam in unsere Mitte gestellt sind, aus der Nähe und mit Liebe betrachten, werden wir viele Herzen entdecken, die, wie unser eigenes, nach Anerkennung suchen.

Wir sollten unsere beängstigende Entfremdung aufgeben und noch heute einem einsamen Freund mit Liebe die Hand entgegenstrecken.

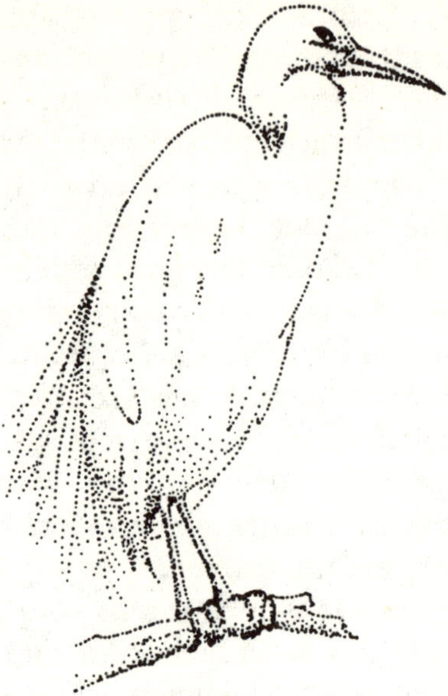

Die Liebe selbst ist kein Akt des Willens, doch manchmal benötige ich die Willenskraft, mit meinen gewohnten Verhaltensweisen zu brechen und an der Liebe entlangzugehen, die bereits da ist.

Hugh Prather

37. WOCHE

Die Vertrautheit mit dem Alleinsein ist sowohl erschreckend wie verlockend. Wenn wir abgesondert sind, sinnen wir über die Freuden nach, die uns gemeinsame Stunden mit anderen beschert haben, während wir gleichzeitig nach der Befreiung von den Schmerzen suchen, die sich in eine intime Beziehung ebenso einschleichen. Die Frage, die ewig um unsere Seelen herumwispert, heißt: »Soll ich es wagen, dich hereinzulassen, meinen Raum mit dir zu teilen, die Sehnsüchte meines Herzens kennenzulernen, meine Ängste zu fühlen?« Nur wenn wir das Vertrauen haben, ja zu sagen, werden wir den Frieden finden, nach dem unsere Seele sich sehnt.

Durch die Tür hindurchzugehen, die uns trennt, gibt uns die Freiheit zur Veränderung, zum Wachsen und uns selbst und andere zu lieben. Wir müssen uns auf den Boden eines miteinander zu teilenden Lebens stellen, um unsere Sehnsucht zu stillen.

Alle menschlichen Verfehlungen sind das Ergebnis eines Mangels an Liebe.

Alfred Adler

38. WOCHE

Wieviel einfacher ist es, auf ein schwieriges Ziel hinzuarbeiten, wenn wir durch die liebende Unterstützung eines besonders geliebten Menschen, eines Ehepartners oder Verwandten, bestärkt werden. Wir werden nicht bei jeder Unternehmung oder in jedem Spiel erfolgreich sein — und sollten das auch nicht erwarten. Wir alle haben vielfältige Talente, doch verfügen wir nicht über alle. Unsere Fehlschläge jedoch werden weniger und weit weniger niederschmetternd, wenn sie sich in einem Lebenszusammenhang ereignen, der reich an liebevollen menschlichen Kontakten ist.

Diejenigen, die die Tröstungen der Liebe nicht kennen, sind bei all ihren Schritten und Gedanken von der Angst verfolgt, daß sie nichts zählen — daß es keinen Sinn in ihrem Leben gibt. Nur wenn wir die Realität der Liebe kennen, können wir eine Ahnung von dem reichstrukturierten Gewebe des menschlichen Lebens bekommen, und nur dann werden wir das Gefühl haben können, daß wir sicher sind und daß alles gut geht.

Ein Vorsatz für unser Leben ist, andere ihrer Wichtigkeit für den Gesamtzusammenhang des Lebens, der uns alle einbezieht, zu versichern. Und wenn jeder von uns sich diesem Vorsatz verpflichtet fühlt, dann werden sowohl die Angst als auch die Tatsache des menschlichen Scheiterns ausgelöscht werden.

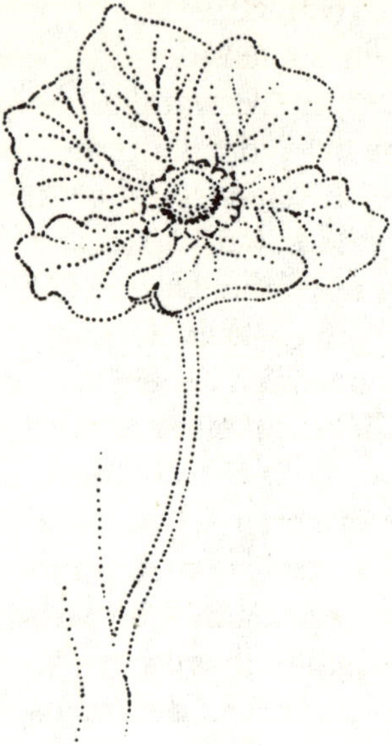

In der Liebe kann es viele Verletzungen geben, und es bestehen immer Risiken — und man muß sich manchmal fragen, ob es nicht eine bessere Art zu leben geben könnte.

Merle Shain

39. WOCHE

Wir möchten lieben und geliebt werden und glauben irrtümlich, daß der richtige, für uns bedeutungsvolle andere unsere Welt vollständig machen wird. Schmerzvolle und problematische Zeiten, die an einer wachsenden, sich wandelnden Beziehung nagen, sind nicht wirklich ein Teil von ihr selbst — wir denken das nur, und durch die Entscheidung zu bleiben, entziehen wir uns. Wir laufen plötzlich davon, und dann finden wir uns wieder einmal in der Situation, uns nach der Erfüllung mit einem anderen zu sehnen.

Was wir verstehen müssen, ist, daß die Reise, die wir allein oder in einer Partnerschaft machen, zumindest die Hälfte der Zeit bergauf geht. Doch wir müssen auch daran glauben, daß der Weg nur so steil und steinig ist, wie er sein muß, um unsere äußerste Entwicklung zu ermöglichen.

Wir müssen nur darauf vertrauen, daß das Bemühen zu lieben sich lohnt, und wir müssen noch stärker lieben, wenn es auch weh tut, auch wenn wir nur Dunkelheit am Ende des Tunnels sehen. Das Licht wird aufgehen.

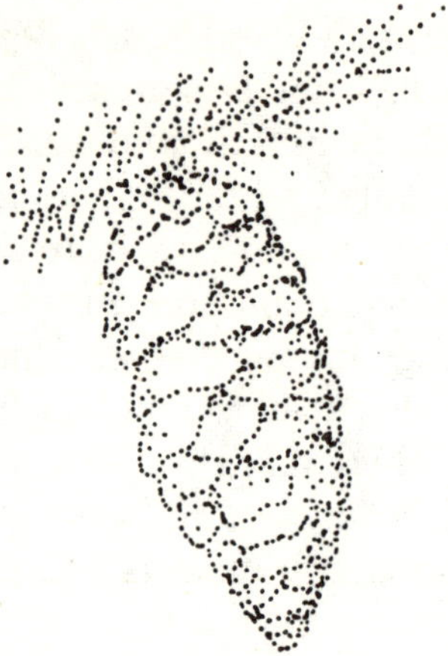

Liebe ist etwas, von dem du geben kannst, um am Ende mehr davon zu haben.

Mavina Reynolds

40. WOCHE

Das Leben im Überfluß zieht uns an. Sehr selten wünschen wir uns weniger Geld, weniger Spielsachen, Kleider oder Freunde. Meistens wollen wir mehr von allem und immer mehr — vor allem von der Liebe. In Wahrheit ist es so, daß die Dinge, die wir horten oder verstecken oder zu verlieren fürchten, mit jemandem geteilt werden müssen — oder sehr bald verlorengehen können.

Einem Geliebten, einem Freund oder sogar einem Fremden Liebe zu geben, erfüllt die leeren Räume in uns, wo die Liebe weilen möchte. Und wir werden strahlend erglühen in der Wärme, die aus der Liebe strömt, welche man uns entgegenbringt.

Die Vorratskammer des menschlichen Herzens ist niemals leer, wenn der Liebe Genüge getan wird. Wir gehen miteinander diesen Weg entlang, und nicht etwa zufällig, sondern aufgrund eines höheren Sinns, finden wir die Nahrung der Liebe.

Unsere größte Hoffnung, geliebt zu werden, geht in Erfüllung, wenn wir diese Hoffnung für jemand anderen wahr gemacht haben.

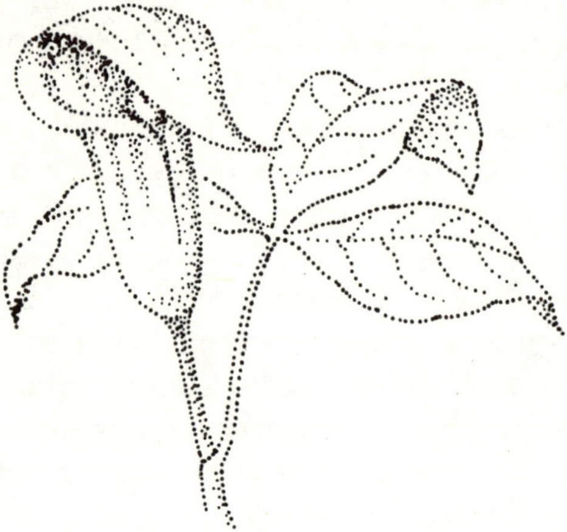

... Liebe wächst, indem man sie pflegt.

Charlotte Perkins Gilman

41. WOCHE

Wenn wir jemanden mit so dringend benötigter Aufmerksamkeit bedenken, vielleicht mit Blumen, oder eine Besorgung für einen Freund erledigen oder freiwillig irgendeinem Menschen einen Gefallen tun, profitieren wir selbst davon in vieler Hinsicht. Wir werden geschätzt; wir sind mit unserem eigenen Verhalten zufrieden, und wir haben die Verbindung zu einem anderen Menschen gefestigt, wodurch die persönliche menschliche Entwicklung gefördert wird.

Die meisten von uns sehnen sich danach, mehr Zeichen der Liebe von einem anderen zu empfangen. Jedoch können wir nicht verstehen, daß gerade unser eigener Ausdruck von Liebe, den wir jenem Menschen entgegenbringen, die Liebe freisetzen wird, die wir so gern fühlen möchten.

Die Liebe vervielfacht sich, je häufiger sie zum Ausdruck gebracht wird, sei es zwischen Fremden, zwischen Freunden, zwischen Liebenden oder zwischen Eltern und Kind; und jeder hat seinen Gewinn davon.

Liebe zum Ausdruck zu bringen, heißt, daß wie von selbst mehr Liebe entsteht, die jedem von uns das verspricht, wonach wir uns sehnen.

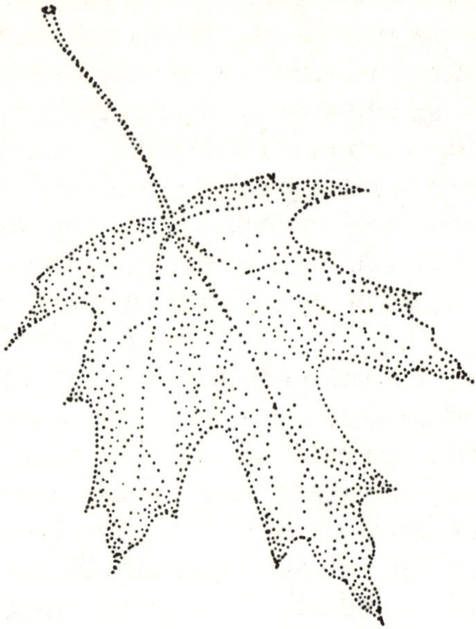

Je mehr man liebt, desto mehr Liebe wird einem gegeben, die einen wieder zum Lieben befähigt. Lucien Price

Mit der Liebe stellen sich Verheißungen des Gefühls ein, die so ergreifend sind wie die leuchtenden Farben des Herbstes und so zart wie ein Schneekristall. Liebe gibt uns die Kraft, die Schwierigkeiten zu meistern, die uns belasten, die Schwierigkeiten, die uns zwingen zu wachsen. Die vertrauten Sichtweisen und gedämpften Klänge jedes Augenblicks beginnen mit größerer Intensität zu vibrieren, wenn wir Liebe geben und empfangen.

Wir geben uns der Illusion hin zu glauben, daß die Liebe der anderen uns vollkommener macht, und darum streben wir nach ihr; wir sehnen uns nach ihr. Doch wir empfangen nur dann Liebe, wenn wir sie ganz selbstlos geben. Es ist eines der wunderbaren Geheimnisse des Lebens, daß wir zuerst Liebe geben müssen, bevor wir hoffen können, sie zu bekommen.

Einen anderen zu lieben, stellt unsere Geduld, unsere Stärke und unsere Sicherheit auf die Probe. Wir haben Angst vor verschmähter Liebe, und vielleicht ist gerade sie uns zu vertraut — doch wir müssen sie immer wieder riskieren, wenn wir die Liebe finden wollen, die wir verdient haben.

Die Geschenke der Liebe sind vielfältig — und wir werden sie mit Sicherheit erhalten, wenn der Akt der Liebe aufrichtig, selbstlos, ungeteilt und bedingungslos entgegengebracht wird.

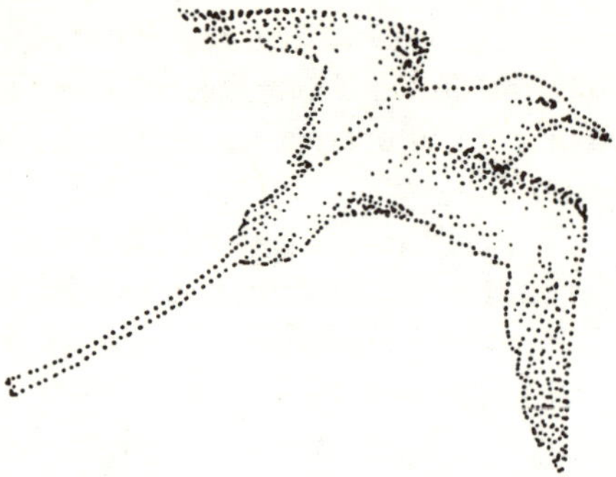

… Liebe ist ein wachsendes Gefühl, das sich auf andere bezieht und ihnen hilft, in ihrem Leben mehr Reichtum zu finden.

Lillian Smith

43. WOCHE

Einsamkeit sucht uns alle heim und wird nur selten als eine Aufforderung wahrgenommen, uns anderen mitzuteilen. Doch werden wir die Zeit viel besser überstehen, wenn wir einem anderen Liebe geben, als wenn wir dem Wunsch nachgeben, Liebe nur für uns zu empfinden. Intimität ist eines der Geschenke, wenn man einem anderen die Hand entgegenstreckt — einem Freund oder einem Fremden.

Das Wissen von unserer Ganzheitlichkeit, unserem Einssein mit anderen, und eine erhöhte Aufmerksamkeit dafür, wie andere das Gewebe unseres Lebens bereichern, sind zusätzliche Geschenke, mit denen wir gesegnet werden, wenn wir die Verbindung mit anderen suchen.

Der Reichtum des Lebens steht in einem direkten Verhältnis zu solchen Verbindungen mit anderen. Wir müssen uns entscheiden, ob wir uns selbst abschließen wollen und dadurch Isoliertheit und Einsamkeit kennenlernen werden, oder ob wir Herz und Hand eines anderen ergreifen, um das Glück der Liebe kennenzulernen.

Wir alle kennen Leute, die im Leben erfolgreich sind. Sie sind frisch und rege, und begierig zu reden, zu lachen und zu lieben. In ihrer Gegenwart fühlen wir uns ernstgenommen.

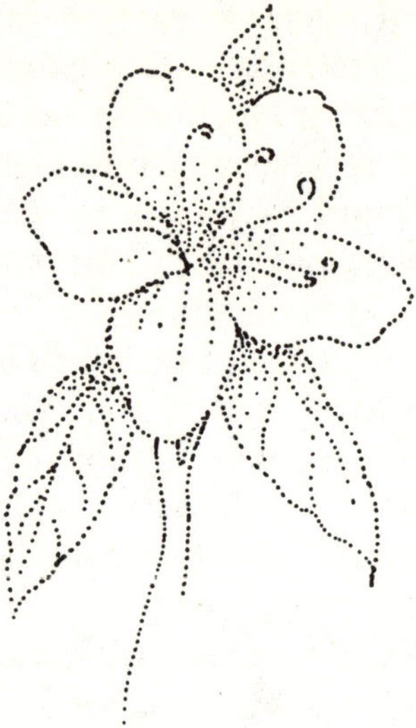

Liebe ist ein positives Gefühl, und wenn wir dieses Gefühl in unserem Leben nähren und pflegen, werden wir uns sicherlich von allen einseitigen Bedingungen befreien, die uns umgeben. Syd Banks

44. WOCHE

Ärger, der sich nicht auf etwas Bestimmtes bezieht oder durch eine schwierige Erfahrung hervorgerufen wird, durch eine unfreundliche oder feindselige Person, trübt unseren Ausblick auf einen Nachmittag, einen ganzen Tag oder sogar auf die ganze Woche. Die Art und Weise, wie wir Ereignisse aufnehmen, ist immer unmittelbar mit der inneren Haltung verknüpft, die wir eingenommen haben. Keine Situation und keine Person, wie schwierig sie auch sein mögen, hat die Macht, uns Glück zu rauben ohne unser passives Einverständnis.

So bereitwillig nehmen wir Menschen negative Haltungen an. Mit unseren großartigen Egos ärgern wir uns über den Regen, der unsere Picknick-Pläne ins Wasser fallen läßt, oder über die Krankheit eines Freundes, die eine Verabredung zunichte macht. Unsere Entscheidungen für Taten, Gefühle und Haltungen sind bei weitem gewichtiger als jene, die wir gewöhnlich zu fällen haben. Und wahrscheinlich kennen wir die Liebe von allem am wenigsten. Doch ebenso wie Ärger immer mehr Ärger erzeugt, bringt Liebe immer mehr Liebe hervor, und jedes Leben, das mit der Liebe in Berührung kommt, zieht aus ihr Gewinn.

Wenn wir uns dazu entscheiden, Liebe bedingungslos zu üben — die Liebe zu uns selbst, zu unseren Nachbarn und Mitarbeitern und auch zu den zähneknirschenden Unbekannten, die mit uns im Verkehrsstau festsitzen, dann werden wir sehr schnell das Wunder der Liebe in unserem eigenen Leben erfahren.

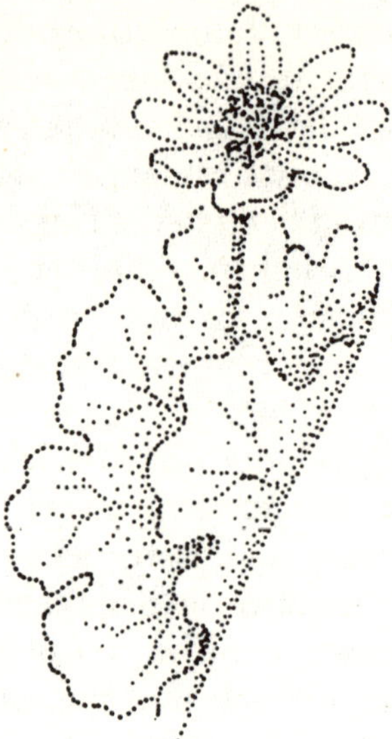

Man kann gar nicht genug betonen, welch immenses Bedürfnis die Menschen danach haben, daß man ihnen wirklich zuhört, daß man sie ernst nimmt, daß man sie versteht. Dr. Paul Tournier, M.D.

45. WOCHE

Wir brauchen die Versicherung, daß unsere Anwesenheit für das Leben derer, die uns zu Hause, bei der Arbeit und beim Spiel umgeben, eine Bedeutung hat. Unser Selbstwertgefühl sollte nicht nur daran gebunden sein, ob jemand anderer uns Aufmerksamkeit schenkt oder Liebe für uns empfindet; doch findet unser persönliches Dasein seine Bestätigung und somit jedesmal eine Steigerung, wenn wir die Sicherheit haben, daß man uns wirklich zuhört.

Genauso wie wir nach Aufmerksamkeit und Bestätigung hungern, tun es so viele andere Menschen, die unseren Lebensweg gerade mit uns teilen. Und leider hetzen wir viel zu schnell durch unsere Erlebnisse und sind dabei nicht sehr aufmerksam für die Ereignisse oder die Menschen, die mit unseren Verwicklungen etwas zu tun haben.

Die Entscheidung, das Tempo zu verringern, den Blumen, den Kindern, den lauten und leisen Momenten des Tages Beachtung zu schenken, liegt ganz bei uns. Es ist der Ausdruck unserer Liebe zum Leben, zu uns selbst und zu allen, denen wir begegnen, wenn wir uns einen Moment Zeit nehmen, mit der ganzen Kraft unseres Daseins hinzuschauen und zuzuhören.

Jeder Aspekt des Lebens erfährt eine Bereicherung, wenn er durch ein aufmerksam hörendes Herz gewürdigt wird. Wir sollten diese goldene Regel befolgen.

Liebe fordert mich unmittelbar dazu heraus, die enge Bindung, die ich an mich selbst habe, aufzugeben. John Powell, S. J.

46. WOCHE

Selbstversunkenheit kann zur Gewohnheit werden und ist ein verführerischer Zeitvertreib. »Wie sehe ich aus?« »War meine Reaktion deutlich?« »Ist mein Witz beeindruckend?« Es ist allzu leicht, die Gegenwart anderer auszuschließen und sie nur dazu zu benutzen, uns selbst mit ihnen zu vergleichen. Und ihre Gegenwart auszuschließen, beraubt uns der vielen Lehren, die sie uns erteilen könnten.

Das Ego ist nur in dem Maße zerbrechlich, wie wir ihm eine übertrieben hohe Aufmerksamkeit widmen. Und sicherlich lähmen wir es durch unsere ausschließliche Konzentration, von der wir irrtümlich annehmen, sie befördere sein Wachstum. Es ist sehr viel besser für die Gesundheit unseres Egos, zu lieben und für das Wohlergehen des Egos eines Freundes zu sorgen.

Je mehr wir uns außerhalb unserer selbst bewegen, desto größer werden unser persönlicher Frieden und unsere Sicherheit sein. Glück ist das natürliche Nebenprodukt, wenn wir einen anderen durch unsere liebevolle Aufmerksamkeit begünstigen.

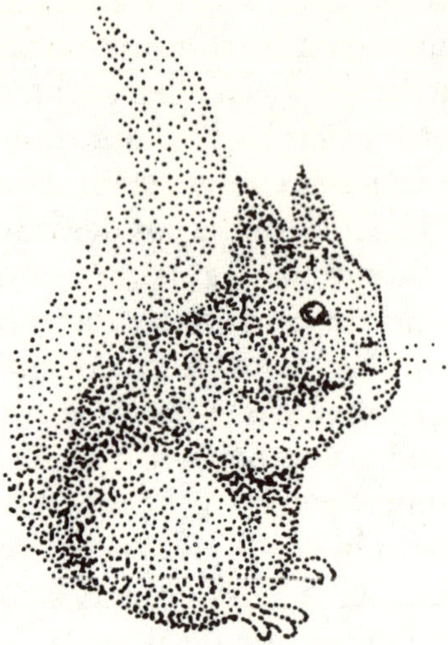

Liebe heilt. Sie heilt diejenigen, die sie geben, und sie heilt diejenigen, die sie empfangen.

Dr. Karl Menninger

Liebe ist nichts Geheimnisvolles, doch ihre Wirkungen sind in vieler Hinsicht geheimnisvoll. Man geht im allgemeinen davon aus, daß viele Krankheiten psychosomatischer Natur sind. Weil wir uns oft beängstigend allein, einsam, angsterfüllt und ungeliebt fühlen, bringen wir unsere Bedürfnisse durch unsere Körper zum Ausdruck. Wie traurig ist es, daß derart viele von uns sich selbst so im Wege sind. Doch jeder von uns kann bereitwillig an einer Lösung teilhaben. Die dafür notwendige Tat ist ganz einfach. Das einzig Erforderliche ist die Entscheidung, sich einem anderen gegenüber wohlwollend zu verhalten.

Mit liebevollen Augen einen Blick auf einen Menschen zu werfen, der in Schwierigkeiten ist, gibt ihm die Kraft, es noch einmal und immer wieder zu versuchen und schließlich erfolgreich zu sein. Auf liebevolle Weise die Barrieren zu beseitigen, um an das Gemüt eines anderen heranzukommen, wird für alle, die seinen Lebensweg teilen, von Vorteil sein.

Liebe vervielfacht die großen und einfachen Wohltaten in der Welt. Jeder von uns braucht keine größere Anstrengung zu vollbringen, als einen aufrichtig gemeinten, warmen Blick zu werfen, und damit kann er den Lauf der Geschichte heute, morgen, allezeit verändern.

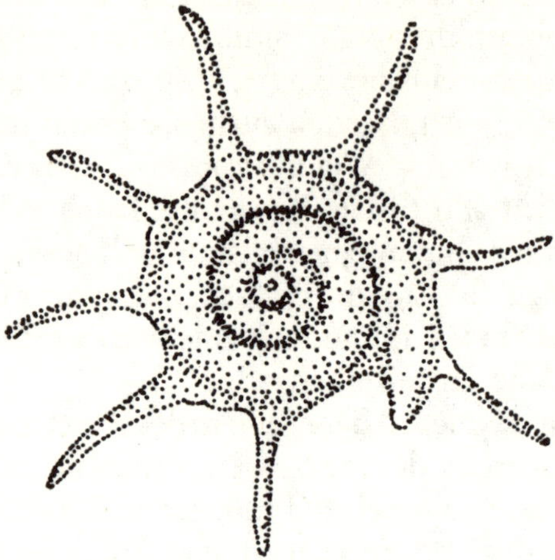

Die Liebe, die Anerkennung durch andere Menschen, macht aus mir die einzigartige Person, die ich tatsächlich bin.

Peter G. van Breemen, S. J.

48. WOCHE

Unser Schicksal findet Erfüllung durch unsere liebevolle Verbundenheit mit den Männern, Frauen und Kindern, die unsere Erfahrungswelt teilen. Es ist nicht durch Zufall, sondern mit voller Absicht geschehen, daß es uns zueinander hingezogen hat, um Ziele, den Arbeitsplatz oder ein Heim miteinander zu teilen. Wir tragen gegenseitig zu des anderen Suche nach Verständnis bei, und die geistige Suche, die in unserem Innern stattfindet, sucht sich ihren Ruheplatz im Herzen eines anderen.

Der Brief, das Lächeln oder der Telefonanruf, den wir einem Weggefährten heute schicken, wird unsere eigenen zögernden Schritte durch die langen Stunden, die vor uns liegen, mit Segen erfüllen. Jedesmal wenn wir unsere Aufmerksamkeit auf die Schwierigkeiten oder die Freude eines anderen konzentrieren, steigert sich unser persönliches Wohlbefinden. Wenn wir unsere Liebe an andere weitergeben, werden wir weniger Zweifel daran haben, daß auch wir geliebt werden.

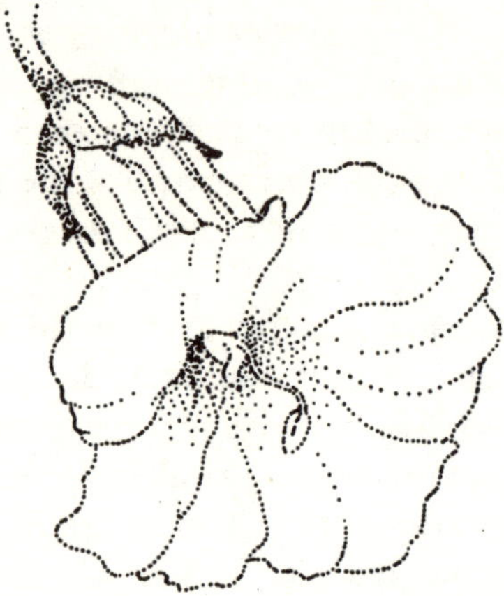

*Liebe, und einzig die Liebe, ist in der La-
ge, dir ein glücklicheres Leben zu geben.*

Ludwig van Beethoven

49. WOCHE

In jedem wachen Augenblick reagieren wir auf das Leben; unsere innere Einstellung bestimmt den Tenor unserer Reaktionen. Wenn die Sonne unsere Körper wärmt und die Blumen unseren Geruchssinn anregen, mag es einfach sein, jedermann zu lieben und zu lächeln. Wenn wir eine negative Einstellung haben, werden wir mit den Zähnen knirschen und unschuldige Umstehende, aber auch Freunde und Familienmitglieder allzu schnell kritisieren. Das einzige, was uns dann helfen kann, ist, uns einfach dazu zu entschließen, voller Liebe so weit zu schauen, wie unsere Augen sehen können.

Wenn unsere Herzen auf Gott gerichtet sind und von Liebe und Lachen erfüllt, werden wir keine Erfahrung zu schwierig finden, um sie zu meistern. Kein Problem wird lange auf seine Lösung warten müssen.

Eine liebevolle Einstellung verheißt uns Dankbarkeit in Überfülle. Wir werden nicht mehr zweifeln müssen, daß alles gut geht, wenn in unserer inneren Mitte Liebe ist.

Die wesentlichen Dinge, um in diesem Leben Glück zu erlangen, sind: etwas zu vollbringen, etwas zu lieben und auf etwas zu hoffen. Joseph Addison

50. WOCHE

Jemanden zu haben, dem wir unsere Liebe schenken können — ein Kind, einen Freund, einen Geliebten oder vielleicht ein Haustier —, gibt uns jeden Tag die Gelegenheit für Momente der Intimität, Gelegenheit, unsere Gefühle mitzuteilen; es gibt uns Momente, die uns dessen versichern, daß unsere Anwesenheit von Bedeutung ist.

Doch jemanden zu haben, den wir lieben können, ist nicht alles, was wir zum Glücklichsein benötigen. Wir brauchen Träume für die Zukunft, einen Grund, um jeden Morgen aus dem Bett uns zu erheben, und den wohlverdienten strahlenden Blick, der mit vollbrachten Leistungen einhergeht. Träume verlieren ihren Glanz, wenn sie das einzige sind, was wir haben. Wenn die Gründe zum Aufstehen uns nicht länger anregen oder unsere Leistungen uns hohl vorkommen, werden wir nicht dahin kommen, das Glück kennenzulernen, für das wir geschaffen sind.

Glück ist unser angestammtes Recht, solange wir leben und aufrichtig lieben.

Der Vorgang und nicht das Ergebnis ist entscheidend, wenn man für jemanden sorgt, denn es ist nur im gegenwärtigen Augenblick möglich, sich auf den anderen zu beziehen.

Milton Mayeroff

51. WOCHE

Der Augenblick, der uns jetzt gefangennimmt, ist das einzige, was wir wirklich sicher haben. Wir können endlos von der nächsten Woche oder dem nächsten Jahr träumen, doch dabei gibt es keinerlei Garantie. Darum ist es wichtig, für uns selbst und für andere jetzt, in diesem Augenblick, zu sorgen. Haben wir heute schon unsere Liebe für einen der vielen bedeutsamen Menschen in unserem Leben zum Ausdruck gebracht? Der Aufwand ist gering und doch in seiner Bedeutung ausschlaggebend dafür, wie der Tag sich für die Gebenden und die Empfangenden sorgender Worte, die so inspirierend sind, entwickeln wird — es sind Worte der Besorgnis, die von Liebe sprechen.

Jemand, der uns nahesteht, braucht heute unsere Aufmerksamkeit — unsere Ermutigung, unsere Inspiration, unsere Anerkennung. Und wir brauchen die Verpflichtung, uns auf etwas zu konzentrieren, das außerhalb von uns selbst liegt, wenn wir die Verheißungen wahrnehmen wollen, die uns in jedem 24-Stunden-Abschnitt des Lebens versprochen werden. Es ist kein Zufall, daß wir uns zu bestimmten Menschen hingezogen fühlen, daß wir uns bestimmte Gruppen auswählen, mit denen wir uns identifizieren.

Das Nachdenken über unsere Anwesenheit zu dieser Zeit und an diesem Ort wird uns die Sicherheit geben, daß wir für das liebende Wachsen vieler Menschen gebraucht werden. Das Geheimnis entfaltet sich nach einem Plan.

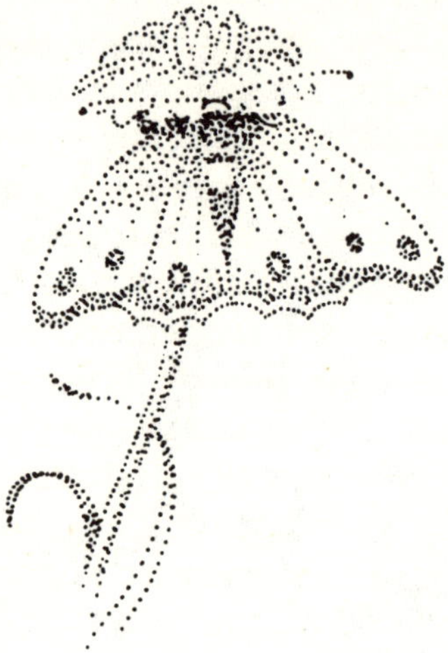

Unser Tun bringt die Menschen in das Angesicht der Liebe. Mutter Teresa

52. WOCHE

Ob wir einen Garten bestellen, einen Kranken pflegen, Kindern ein Vorbild sind oder die berufliche Leiter erklimmen, es gibt so viele Gelegenheiten, aus einer liebenden Haltung heraus zu handeln. Liebe ist eine Haltung, die aus der Dankbarkeit entspringt für alles, was wir haben, für alles, was wir sind, und für alles, was wir zu sein hoffen. Wir hegen eine liebevolle Einstellung genauso selbstverständlich, wie wir einen Garten pflegen oder eine Freundschaft.

Die Schuld oder Scham, die wir manchmal empfinden, veranlaßt uns, an solche Augenblicke zu denken, in denen wir mit der Entscheidung konfrontiert waren, zu lieben, aber nicht lieben konnten — in solchen Momenten haben wir barsche Antworten gegeben, einen uns wichtigen Menschen mit finsteren Blicken eingeschüchtert, Schubladen und Türen zugeknallt. Glücklicherweise müssen wir nicht vollkommen sein. Jeder Augenblick verspricht uns eine neue Gelegenheit, uns zu entscheiden für die Liebe als Antwort an so viele Menschen und auf die wechselnden Ereignisse in unserem Leben.

Manche Entscheidungen können ein für allemal getroffen werden. Sicherheitsgurte anzulegen, ist eine solche Entscheidung. Und genauso ist es mit der Liebe, die wir der Welt geben, die uns freundlich empfängt.

Nachwort

Dieses Buch wurde in den USA im Rahmen der HAZELDEN-Stiftung veröffentlicht. HAZELDEN ist ein weltweit anerkanntes Diagnose- und Therapiezentrum für Alkoholiker und andere Suchtkranke. Es wurde im Jahre 1949 von zwei Alkoholikern als gemeinnützige Organisation gegründet, die nicht profitorientiert arbeitet. Mittlerweile ist HAZELDEN ein Riesenkomplex geworden, in dem sich 450 Mitarbeiter aller Disziplinen — Mediziner, Psychologen, Theologen und speziell ausgebildete Suchtberater und -therapeuten — um die Früherkennung, Prävention, Rehabilitation und Nachsorge Suchtkranker und Suchtgefährdeter bemühen.

Der Therapieansatz geht von verschiedenen Disziplinen aus. Er basiert auf der Erkenntnis und Erfahrung, daß die Suchterkrankung sowohl ein körperliches als auch ein seelisch-geistiges Problem darstellt, das daher nur durch eine Therapie, die auf beiden Ebenen ansetzt, auf Dauer zum Stillstand gebracht werden kann. Dies bedeutet, daß dem körperlichen Entzug ein lebenslanger geistiger Wandlungsprozeß folgt, der dem Suchtkranken zur Erkenntnis seines inneren Wesens und einer neuen Lebenseinstellung verhelfen kann, sofern er bereit ist, seine Krankheit zu akzeptieren und etwas dagegen — und damit für sich und seine Genesung — zu tun. Man könnte sagen, daß der Suchtkranke, der den Weg zur körperlich-seelischen Heilung einschlägt, im wahrsten Sinne des Wortes einen Bewußtseinswandel vollzieht. Wahre Heilung kann nur über eine Bewußtseinsänderung erreicht werden. In diesem Sinne ist auch die Suchtkrankheit ein Weg, der über die Symptome des Krankseins zu einem tiefen Verständnis der eigenen Persönlichkeit führen kann.

Um es mit den Worten des englischen Arztes und Begründers der Bach-Blüten-Therapie, Dr. Edward Bach (1886—1936), zu sagen: »Krankheit ist weder Grausamkeit noch Strafe, sondern einzig und allein ein Korrektiv; ein Werkzeug, dessen sich unsere eigene Seele bedient, um uns auf unsere Fehler hinzuweisen, um uns von größeren Irrtümern fernzuhalten, um uns daran zu hindern, mehr Schaden anzurichten — und uns auf den Weg der Wahrheit und des Lichts zurückzubringen, von dem wir nie hätten abkommen sollen.«

Wir müssen uns klarmachen, daß das Wunder in unserem Leben das Leben selbst ist, das uns geschenkt wurde, und zwar mit all seinen Krankheiten, Problemen, Ängsten und Nöten, die nur die eine Seite der Medaille sind. Wenn wir anerkennen, daß hinter jedem Leben ein göttlicher Plan verborgen liegt, können wir uns entscheiden, ob wir uns ihm anvertrauen oder widersetzen wollen. Wer sich dieser Frage aufrichtig stellt, muß früher oder später zu der Einsicht gelangen, daß es allein in seiner Verantwortung liegt, was er aus sich, so wie er angelegt ist, und aus seinem Leben, mit all den Aufgaben, die es ihm als Lernerfahrung bietet, machen will.